mark

這個系列標記的是一些人、一些事件與活動。

mark 131
我袂放你一個人

邱顯智 著

編輯　連翠茉
校對　呂佳真
出版者：大塊文化出版股份有限公司
台北市105南京東路四段25號11樓
www.locuspublishing.com
讀者服務專線：0800-006689
TEL：(02) 87123898
FAX：(02) 87123897
郵撥帳號：18955675
戶名：大塊文化出版股份有限公司
e-mail:locus@locuspublishing.com
法律顧問：董安丹律師、顧慕堯律師

總經銷：大和書報圖書股份有限公司
地址：新北市新莊區五工五路2號
TEL：(02) 89902588 (代表號)　FAX：(02) 22901658

初版一刷：2017年11月
定價：新台幣300元

ISBN 978-986-213-796-3　　Printed in Taiwan

我袂放你一個人

邱顯智 著

推薦1

傳說中的邱顯智

陳芳明　作家、政大講座教授

邱顯智律師是我尊敬的人權工作者，縱然到今天還未與他謀面，卻一直對他抱持高度敬意。第一次接到他的簡訊，就是邀請我去看紀錄片《進擊之路》。在銀幕上，看見他的身寬體胖。第二次簡訊，則是邀請我為他的這本書寫序。

我們生活在兩個不同的世界，能夠把我們拉在一起的關鍵因素，便是人權議題。如果不是鄭性澤案件，我大約沒有機會知道他。台灣的幅員有限，但是要與熟悉的朋友見面，也不是那麼容易的事。對那部影片印象特別深刻，因為片中出現的兩位律師，長得非常相似，都是身寬體胖，差一點分不出來。

我開始注意到邱顯智的名字，是因為在聲援鄭性澤的死刑案時，才在臉書上與他相遇。網路世界確實很神秘祕，總是會帶來許多豐富的訊息。二〇一六年，邱顯智在新竹市參選立委時，我公開支持他。沒有任何複雜的理由，完全是基於他對人權工作的奉獻。他的對手是民進黨的柯建銘，我那時的考量是，連任許久的民進黨立委，縱然沒有當選，也一定會有入閣的機會。當台灣社會越來越民主之際，公民社會運動越來越高漲之際，關心人權議題的立法委員還是相當稀少。如果有人表達對人權議題的關心，也大都是基於選票的考量。我們需要一位把人權工作視為專業的立委，針對社會各種不公平的偏頗現象，不必受到選票的限制，而可以縱身投入人權關懷。邱顯智是我首選的人物，長久以來立法院太欠缺這樣的人才。他落選的時候，我也有強烈的失落感。以他介入現實社會的身段，我們需要有人在國會裡說出正義的話。

他的這本新書，相當精采好看。尤其他所提到的關廠工人案，還有鄭性澤案、洪仲丘案、太陽花學運案，都讓我全神貫注在案件的發展過程。即使在靜態的文字裡面遊走，讀來卻是驚心動魄。這些法律案件都發生在尋常百姓的身上，他們都是不見經傳的人物，卻因為受到法律壓迫，受到不公平的待遇，而成為台灣社會的重要記憶。尤其在閱讀鄭性澤案時，看到一位手無寸鐵的百姓，竟然必須遭受到重重關卡的考驗。法律也許是公平的，但是人心並不見得公平。即使是坐在高堂上的法官，他們脫下法袍時，也是一位平常的百姓。他們也有各自的喜怒哀樂，也有各自的偏見與偏愛。人性上的脆弱，也會出現在法官身上。這個社會充滿太多的冤案錯案假案，卻因為沒有人出來主持正義，他們的一生就被犧牲了，而他們的生命也一併被做掉了。

閱讀邱顯智的文字之際，我們才發現法律是如此公平地拆散了多少家庭，是如此公平地迫害了多少不知名人物的基本人權。那樣堂皇而嚴肅的法袍，卻掩蓋了太多偏頗的心，也遮蔽了太多偏頗的審判。他在描寫關廠工人的案件時，被國家公權力提告的受害者，原來都是老弱婦女。她們不知道什麼是法律，也不知道什麼是公平與正義，只是哀哀無告地接受政府公權力的審判。邱顯智和一群正義感的律師攜手合作，在許多陳舊的檔案裡爬梳案件的來龍去脈。那是一種時間的折磨，也是一種人性的考驗。而他們都勇敢地承擔下來，為這些沒有發言權的族群，做了強悍有力的辯護。如果鄭性澤被槍決了，如果那群老弱婦女被政府索賠了，這個世界還會有正義與公平嗎？

在書寫這篇序文時，我仍然在揣想邱顯智的形象。從他的臉書，我看到許多幽默的描述。他的喜悅與哀傷，往往都與我分享。而在捧讀這本法律案件的紀錄時，可以說是我日常生活中罕見的神聖時刻，彷彿是在撫觸許多陌生的魂魄。在這些案件裡，我都參加過聲援，卻完全不及邱顯智在現場的親身介入。當他邀請我寫序時，我毫不遲疑就答應了。我的文字能夠與我所尊敬的律師並列在一起，是我個人的榮耀，這些文字正好可以表達我個人對他的敬意。

推薦2

人間的天使們

林世煜　作家

顯智是天使。和他併肩作戰的，也是。

我在顯智的阿嬤、太太凱特，和兩個小女兒身上，看到各有一對翅膀。她們也都是天使。

「不是因為看到希望才堅持，而是因為堅持，所以看到希望。」面對那麼大的困難，堅持那麼久，必須有強大的信心。必須要號召五百多位天使，同時在空中搧動翅膀，才可能使出洪荒之力，將正義女神托起來。

我很清楚顯智和天使們對抗的惡魔是什麼。曾經，屠殺者政權竊奪這島國，上岸不久就開始下手。在基隆港，他們拿鐵線把一排一排平民的手掌串起來，從背後開槍，再一個個踢進海裡。我見過死裡逃生的老人，手掌心有白色的傷痕。我見過屠殺者殘害異己，連阿嬤和幼兒都不放過。在林義雄先生家裡，我站在樓梯口，看到黑暗中，阿嬤倒臥著。我也見過陳文成博士的解剖照片，也曾爬上台大舊研圖那一道室外梯，揣想警備總部為了那殺人之夜，說了多少謊言。後來，我又認識了那麼多位，白色恐怖劫後餘生的長輩。聽他們說被吊打、電擊、坐老虎凳的故事。我們一起去六張犁，看被槍決的受難者荒塚。去馬場町，彷彿響起黎明前的槍聲。也趕著去時代雜誌社，鄭南榕的火場。

讀著顯智的書，我自己的往事一幕一幕浮出來。加害平民的國家、政權，和他們的爪牙，還不曾消失。在顯智這一代青年的生命裡，加害者化身警官、檢察官，法官，文官，武官等等掌權者，勾結財勢者，繼續蹂躪無辜小民。

幸好有顯智和天使們的拚搏，時代才看到希望。

他們打贏許多美好的仗。是因為堅持，也因為他們成功的號召數以萬計的有志者，一起站出來。歷史慘痛的經驗告訴我們，有權有勢者，天不怕地不怕，不講情不講理。只有展示力量，才能教他畏懼；只有施展力量，打擊他，教他痛不欲生，他才肯放手。

天使吹起號角，帶領群眾衝鋒。群眾要跟上，要擺出鋪天蓋地的隊形，讓綿羊變成獅子，才有機會在魔鬼手中奪回正義。你看蘇建和案、鄭性澤案、關廠工人案、太陽花案、高中歷史課綱案，哪一件不是靠民眾蜂擁上街，甚至投下選票，才撼動恐龍般的法庭。

我感到顯智和他的世代，是有能力貫徹轉型正義，重建國家社會的一代。他們有專業，也能帶領群眾。一隊天使加上成群目光炯炯的獅子，讓我們對天堂有了美好的想像。

你袂放阮一個人，阮也袂放你一個人。我們都是永遠的反抗者。

推薦3

絕處裡開出的花朵

曾威凱 律師

「安安！」他總是帶著傻氣的親切笑容走進來這麼說著、跟大家打招呼。頂著他招牌中分亂髮，左手拉著裝滿卷宗的登機箱，背後的襯衫還有一半露在褲子外面沒紮好。這一幕幾乎是這幾年跟他一起吃便當、開律師團會議每次都會看到的畫面。這是我眼中的顯智律師。

這段時間翻著顯智這本書的稿子，彷彿時光倒流一般，但，這幾年、這群人的故事，要怎麼說才能說得完呢。

顯智他是個在絕望裡仍能笑著流淚的人。

關廠工人案在最初看不到希望的時候，就是包括顯智在內的許多律師分頭去找可能的出路，像是願意仗義伸出援手的學者。然後我們並肩跟所有律師面對一場又一場法庭仗。那個在關廠工人案全面勝訴那天，抱著毛振飛理事長放聲痛哭的，就是心地柔軟的顯智。

那是我「唯二」兩次看過顯智落淚的其中一次，另一次則是他得知鄭性澤在被羈押了十四年後，案件終於獲得再審機會的時候。我不曾看過他為自己的事情落淚或是憤怒過，即使是在他參與選舉那段時間面對鋪天蓋地的謾罵與攻擊，也是如此。

是什麼樣的堅韌心理素質，才能在當事人可能被冤枉、被錯判的情況下，還能不斷跟時間賽跑、在槍口下搶人？看完這本書之後就會知道，顯智是如實的在關照著他案件的當事人、甚至是許多看似陌生的人，對他來說，這些人不僅僅是卷宗裡的資料而已，他們是有血有肉、會哭會笑的生命，只要不放棄，雖然走到絕境，也可能開出美麗的花朵！

推薦4

溫暖的筆觸，真實的殘酷

黃益中　高中公民教師、《思辨》作者

「反抗，讓人擺脫孤獨狀態，奠定人類首要價值的共通點。我反抗，故我們存在。」

——卡繆（Albert Camus）

第一次知道邱顯智這個人，是在二〇一四年四月《壹週刊》「給艱苦人一個讚」的人物專訪裡。雖然我自己在當時也參與規劃該年十月的「巢運」，不過某種程度上來講，我先是因為買不起房，才認知到原來自己也是被剝削者，然後開始走上街頭發聲。可是邱顯智不一樣，對一個才剛從德國留學回來、有家庭有小孩要養的年輕律師，照道理講這正是他開始累積財富的起點，結果我在報導裡看到，他一個人就率先接了歷時十多年未決的「全國關廠工人案」的辯護工作，當時勞委會可是動用二千萬元，聘僱了八十位律師，告了六百三十件官司！

重點是，這還是義務辯護，一毛錢都拿不到的案件。

我自己在學校教公民與社會科，有很長一段時間，「法律是有錢人的專利」這句話，始終讓我在上法律課時感到無力。我看過太多例子，打官司幾乎都是請得起厲害律師的人贏，厲害的律師勢必收費高昂，這是有錢人才玩得起的遊戲。

直到邱顯智，以及他那些熱血仗義執言的律師夥伴們，我才開始對司法有點信心，上天還是有可能眷顧到那些真正艱苦的人們啊！

隔年一方面因為我出書請邱顯智推薦，一方面也因為顯智要參選新竹市立委，種種因緣際會下，我開始認識了這原本只在雜誌上才會見到的傳奇律師。雖然貴為德國法學博士候選人，一開口卻讓人想起熟悉的鄰家大哥哥。原來顯智出身嘉義農村，從小跟著阿公阿嬤在田裡長大，一路看著鄰里的艱苦人鄉親，養成了顯智感情豐沛的同理心心腸，大大的身軀裡卻包覆一顆柔軟的心，這樣的非典型律師，讓他願意為那麼多艱苦人來辯護，即便他們可能付不出律師費。也正因為這樣的古道熱腸，才讓他投入那場原本就知道不可能贏的立委選戰，即便他的理想是把社會正義推向鄉里、把司法改革送進國會。

法律不該只是冷冰冰的文字判決，顯智在這本《我袂放你一個人》裡，將他過往辯護過的案件，以說故事的方式，將那些徬徨無助、被負面標籤化的被告們所經歷的遭遇，以及顯智在與國家機器對抗的過程中，所感受到的司法冷漠與現實，用溫暖的筆觸，一件又一件地，細細述說這裡頭的真實與殘酷。

同樣是死刑犯，鄭性澤在歷經五千多天的羈押，隨時處在被槍決的恐懼中，在邱顯智明知不可為而為之的努力下，總算重獲自由，十四年來首次活著走出台中看守所，第一次可以回家陪媽媽過母親節。而劉炎國，則是在邱顯智生日當天，在台中看守所律見後的六小時，活生生被槍決。諷刺的是，兩天後顯智收到最高檢要給劉的駁回函，當這封駁回函從台北的郵局寄出時，劉炎國早已於一小時前遭槍決。

身為公民老師，我很榮幸推薦這本書給全國所有的老師與學生看，這是最適當的法律教材，也是最有意義的公民課本。有位高二的女學生，在看過邱顯智律師紀錄片《進擊之路》後問：「我未滿十八歲，該如何為國家的進步盡一份心力？」

邱顯智不會是一個人。我期待，我也相信，這個國家未來會有更多更多的邱顯智。

推薦5

很幸運能遇見你

鄭性澤
鄭性澤案當事人

今天能為這本書寫些文字，對我來說，覺得夢幻，更甚是一種魔幻的感受。

我是在一個不美妙的地方，台中看守所，和邱顯智認識的。印象深刻的談話內容是他告訴我，當律師前，在台南的軍事監獄當監獄官時，遇上了他人生的第一樁冤獄案件。他告訴我案件的始末，所以他也能知道我被冤枉而承受的苦。這是二〇一一年的事了。

在往後律師接見的互動中，拉近了彼此的距離。

顯智家在嘉義竹崎務農，種了很多龍眼樹，每當龍眼採收期，就要跟著家人採收、整理、販售，忙得焦頭爛額，昏天暗地的。我家是種水稻，要割稻、曬穀、裝袋、收倉；討厭的是，這過程中身體會刺痛、發癢，要快沖洗身體，不然會奇癢難耐，非常不舒服。

顯智是家中長子，我也是，也都在非常純樸的小村莊長大，因此一見面就會無所不談，話題從不設限。到後來，每次他來辦理律師接見，和其他當事人談話時，我就坐在一邊旁聽，偶爾說些意見什麼的，所以他都說我是他在看守所的法律顧問、助理，甚至公開場合演講也都這麼說，真是太抬舉我了。而每當有收容人為找哪位律師傷腦筋，跑來問我，我就會推薦邱顯智律師。邱律師也很用心、勤勞，三不五時就往看守所跑。通常律師頻繁的到看守所律見有兩種情況，一是接了很多案件，有很多當事人；二是太閒了，顯智屬於前者。

在我的救援進展停滯時，我們所談的大部分不會和案件有關，會談時事或和政治相關的人事物。後來，邱律師參加了立法委員選舉，為了要拉票，上山下海的奔走，那陣子就較少律見，選舉一結束，再見到他，我很驚訝眼前的人和先前印象判若兩人，瘦了大概有一半。他很興奮的說，小英當選總統了，我們可以提出特赦……我不待他往下說，就回他NO！特赦不代表無罪，蘇炳坤就是一例。

在經歷這些日子後，我覺得邱律師有著「雞婆」性格，但這不是好管閒事的那種，而是「路見不平，拔刀相助」的雞婆。這本書就記錄了他雞婆的證據。我在本書看見了人性美好的光輝，看見了一群充滿著熱心和愛的人。我覺得很幸運、很幸福，能夠碰上這樣的人——邱顯智。

推薦6

王者無冕

蘇紋雯
魚麗人文主題書店、魚麗共同廚房 執行長

「我曾經以為出國念書，會有漂泊之感，但事實卻完全相反。外頭的世界好安靜，一離開台灣，耳邊呼嘯的風聲便停止了，晃動搖擺的感覺也隨之消失，當我一腳踏上佛羅倫斯的石板地，那種厚實安定簡直讓我不知該如何是好。

好像是剛下船，沉重的水氣一下子散了去。

那時才發現，我們是如何對動盪不安習以為常，在喧囂和過多的資訊裡還可以處之泰然。……」

——李亞《給義大利的分手信》序文〈這條名為台灣的鬼盜船〉

我了解李亞說的那種晃動，噗浪上發抒，引來幾個留學的噗友。彼時顯智人在海德堡，喜歡諧音，律師莉絲的，寫東西簡直看不懂。

他回台灣以後，就在附近開業，跑來魚麗噗友相會，完全是張娟芬說的，鐵獅玉玲瓏風格。「這種才女，一定要趕快來認識一下！」國台語夾雜，彷彿不如此，不能表情達意。

顯智人不親土親，核對嘉義血統，忘情驚呼：「我念嘉中的時候騎車會經過你家那條路耶！」我向來六親不認，走在嘉義街頭都未必打招呼了，何況異地同鄉。這人一千零一夜，講放學可以玩到書包不見影蹤的回家山路，還有採龍眼、焙桂圓和阿嬤求的平安符，聽得我莫名其妙好抱歉，來自桃城卻不識竹崎山村。

說自己是庄跤人的顯智，好開心在台中執業講台語就會通。往來無白丁的「雪谷南榕」是後來的事，甫開業，家徒四壁，第一個案件竟然忙釋憲，邱莉絲一頭亂髮一臉憨樣，有書念太多頭殼壞去的嫌疑，不明所以的我，要直到洪仲丘案，才懂王瑞豐案之於他的意義。

王者無冕，顯智是挖坑王，也是推坑王，更是跳坑王。我因為僱用過蘇建和案的當事人劉秉郎，被揪去沈鴻霖案律師團會議，從此難絕後患。家暴婦女才剛轉介，他介紹你認識新朋友，林務局要梨山老兵拆房還地好可憐；監護權判定希望渺茫，他說詞委婉有創意，豬肉吃多了也會想吃青菜豆腐要不要一起去看鄭性澤；阿澤冤獄平反前途未卜，他童叟無欺好真心問你，后豐大橋案可不可以來幫忙？

分明是家事案件，會議桌上不斷置入行銷，笑中帶淚絕無冷場，我情急狠心打斷：喂喂喂，這位律師，魚麗已經按月去給鄭性澤送便當了，洪仲丘案受到全國的關注，關廠工人有義務律師團，當事人爭取監護權的勝算還不知道在哪裡呢！社工補開一槍：「我們這些專業人士，現在都變成你的小秘書了！」

永遠有數不清的義務案件淹沒小小的事務所，儘管我也是個包工程回家蓋長城的人，卻從不認為個人應為家國社會置自己於不顧。一定有很多朋友像我一樣，擔心過勸戒過抵抗過。當他接下洪仲丘案時，我認了，阿澤的探視和支持都歸魚麗吧，我們就這樣不斷逸出自己的守備範圍。

再往後，舉國皆知。顯智若熱血上湧，總要創造驚奇。苦主朋友們必都能舉證歷歷，他就是有本領讓別人的事變成自己的事，最後變成大家共同關心的事。理由毫無例外，推己及人一以貫之，比如長輩好意規勸商務律師別與司改沾邊，顯智就會說可是車站月台互道再見遠望某某人孤單背影覺得自己不能讓他一個人無伴……將那畫面講得盪氣迴腸。當他說到洪仲丘課餘回家幫忙施肥噴藥時，我知道他永遠是金獅村的孩子。

紀錄片《進擊之路》首映，片頭三次說「我怕」的阿澤，已然再審獲釋參與盛會，那晚台北濕冷微雨，阿澤體貼地將傘給我用，和顯智嘻嘻哈哈走在前面，到了信義威秀，兩個男生河川入海似的，走進沿路聖誕燈底下，走進銀河裡。魔幻時刻，我望著背影，非常快樂，雨中的台北街道好有真實感，我們這些年來忙的就是為了這個吧，為了這一刻啊。

我不談論自己不知道的事，寫我敬重的朋友顯智。

自序

大家一起鬥腳手

本書的出版遲延許久，其中，有一度放了好幾個月。因為我阿嬤過世了。

從小就跟阿嬤一起生活，在嘉義竹崎山區的小村落。庄內沒有一家商店，除了賣菜車從山下上來，可以買些豬肉魚肉之外，就是吃著阿嬤摘來的過貓（過溝菜蕨）、地瓜葉、竹筍長大。

阿嬤的過世對我算是滿沉重的打擊，因為除了受她照顧，很長一段時間，她也是我的工作夥伴。從小跟她上山除草、施肥、噴農藥、摘龍眼，一直到讀法研所的暑假，只要收到她的指示，都還會回家一同摘龍眼、忙農事。

對於去世的人，很奇怪，人走了，但聲音還留在腦海裡，甚至說話的樣子、音調，還有一些特殊的字句，依然鮮明。

例如，阿嬤的口頭禪是：「咱共話要照天良共！」（講話要憑良心。）天良，對她來講，是一個很重要的核心價值。

告別式後，又載著妻小，北上新竹工作。

車開到雲林，忽然太太說：

「告別式上，很多坐在後面的庄內人一直在啜泣。」

想想也是，阿嬤一生確實跟很多庄內的人有很深的交情。

一位阿姑，小時候我常跟著阿嬤去找她，她住在庄外的墓仔埔的山後。每次阿嬤工作回家路上，會順路帶著剛採的竹筍或過貓、番薯葉去給她。

黃昏的墓仔埔，菅芒花迎風搖曳，眼前盡是高低不一的墓碑、墳塚，有時候還有搭著工作布帆的新墳。常常拜訪完，回家路上已經天黑，心裡有說不出的害怕。

為什麼要住在這邊？每每心裡總是納悶。

長大了才知道，原來這就叫作農村社會的弱勢者。

這位阿姑的先生，因為終年在外流連，對兩個小孩完全不負責任，一家人又無地可耕，沒有任何作物可以收成，單單靠阿姑打零工賺錢生活。

每當阿嬤帶著東西來到阿姑家，一旁的我就會聽到阿嬤以一流的口才、充分的說理、無敵的反應能力，描述這些過貓番薯葉家裡如何如何吃不完、今天採的竹筍又如何如何的多，說服阿姑一定要接受。而且每次理由都不太一樣，讓阿姑難以拒絕。

我心裡難免想，挖哩勒，今天採的竹筍不就那幾根嗎？？怎麼會這樣講呢？於是，回家路上，就問阿嬤。

阿嬤一臉「你太淺了」的表情，笑著說：

「伊自己飼兩個小孩，生活比較卡艱苦，咱要給伊鬥腳手啊！」

「咱要給伊鬥腳手」（幫人家忙），也是阿嬤的口頭禪。

阿嬤出殯前，另一位阿姑每天晚上都會來陪我們守靈，一起摺蓮花、摺元寶。我過了幾天，才認出她來。

大約二十多年前，阿姑的先生外遇，而且動輒把她打得鼻青眼腫，家暴非常嚴重。阿嬤知道後，強烈的力挺她，一直幫她出頭。

有一回，跟阿嬤走在路上，狹路相逢，阿姑的先生正好迎面而來，手上有一把除草用的柴刀。阿嬤一見，馬上趨前數落，不假辭色，眼看這位先生好像越來越生氣了，我在旁邊心驚膽戰，但阿嬤毫無懼色，記得阿嬤最後嗆他說：

「你安呢查某一個換過一個，我跟你共，老了沒人愛!!不信，你再試看嘜!!!」

這位阿姑後來當然是跟先生離婚了，但阿嬤還是非常照顧她，終其一生，兩人維持著良好的友誼。

自己當了律師後，看到無助的人，會想要幫忙，或許正是因為從小看阿嬤這樣勇敢的助人，耳濡目染下，內化成一種想要給人「鬥腳手」的心情吧。

國中的時候，有一天早上，媽媽接了台中舅舅的電話，立刻嚎啕大哭，癱軟在地。原來是媽媽的母親，台中的阿嬤早上六點出門倒垃圾，被一個飆車少年疾駛的機車撞死。

媽媽到了案發現場，看到少年駕駛的機車把手上，沾染了外婆當時拿的垃圾袋內裝的木瓜。她立刻叫舅舅拿照相機拍照，留下證據。果然，少年向警方表示，不是他撞到我阿嬤，他行經現場時，我阿嬤已經被先前的車輛撞倒，他因為看到阿嬤倒在地上，緊急煞車才滑倒。

媽媽沒有錢請律師，在請教律師之後，決定自己寫狀紙聲請假扣押，並且告飆車少年及其法定代理人。那陣子，我常看到媽媽早上五點多起床，一邊生火煮飯，一邊看法律書籍。

但有一位同村的長輩知道後，卻說：「我跟妳共，告這無效啦，只會了錢的，當場又沒人看見，對方也不承認。」

沒想到媽媽聲請的假扣押，竟獲准了。當裁定寄到我們村莊，大家屏氣凝神打開信，看到准予假扣押的文字，都要哭了。

很快的到了開庭日。媽媽天未亮就騎著她那台「山葉 YAMAHA 美的」80cc的機車，沿著山路來到嘉義火車站，隨身帶著她的狀紙、法律書籍，以及阿嬤的遺照，坐火車來到台中。

法官雖然看了媽媽提出少年把手沾染木瓜的照片，似乎也認為少年的機車撞倒了阿嬤，但還是希望能找到證人加以證明。

就這樣，媽媽和阿舅遍訪鄰居。皇天不負苦心人，有一位鄰居的親戚，案發當時曾跟阿嬤在巷口交談，阿嬤走出巷口後，他就聽到「碰」一聲巨響，跑出去一看，只見少年跟阿嬤已經一起倒在路旁。但這位鄰居的親戚住在台東，不確定要不要出來作證。於是，媽媽又從嘉義，坐著火車，繞過半個台灣去到台東。這位證人終於同意出庭作證。

法官終於判決媽媽勝訴，對方上訴，又遭台中高分院駁回。二審之後，對方終於願意按照法院判決的金額賠償。

媽媽將判決書仔細收在老家的抽屜裡。這也是我生平第一次看到法院判決書。

自己當了律師，看到有些當事人無依無靠、茫然的眼神，腦海裡就會浮現媽媽在天未亮，自己寫狀紙、查法條，騎著機車去開庭的背影。

當時，如果有人可以幫忙她，不知道該有多好？我常常這樣想著。

本書的許多案件，正是基於這樣單純的想法，「鬥腳手」、不想讓這些遇到「代誌」的當事人孤孤單單……

誠如張娟芬說的：「我覺得我們這些人，常常處在互相推坑的狀態，一個人因為某種機緣做了一件什麼事情，不小心感動了下一個，於是下一個人也做了一點什麼，然後這種感動就這樣來回乒乓傳染，而過程裡，影響力便慢慢傳了出去。」

我覺得沒有人說得比娟芬更好。這些案件正是一群又一群熱情的NGO夥伴、社會運動者及律師們，一起組成一個又一個律師團，互相推坑、來回乒乓傳染、交互感動，通力合作進行的。

本書希望記錄下的，就是這些人前仆後繼的身影。或許有些案件獲得一定的成果，但更多是失敗和挫折，重要的是，大家一起真真切切陪伴了當事人，在他們人生中最艱難的日子裡。

衷心的盼望，也許有一天，在台灣某個偏鄉的角落，有個小孩無意中看到這本書，忽然有一點點感動，興起日後在有人困難時想要「鬥腳手」，興起讓台灣人活在真正公平正義天空下的想望。

最後感謝大塊文化郝明義董事長，以及我的編輯連翠茉女士，能夠寬容我一再的遲延，沒有他們，我不可能完成這本書。

目錄

小王子的玫瑰

夜市搶劫案

阿哲是個大帥哥，也是我親身經歷的第一個冤錯案。

當時我在服軍法預官役，被分發到國防部台南監獄，擔任監獄官。某日，接到監察院打來電話，電話的那一頭承辦人詢問，是否有一名犯人叫阿哲的正在我們監獄服刑，因為他的家屬不斷陳情，控訴軍方亂判，要求監察院調查。彼時尚未流行詐騙集團，我想電話應該真的是監察院打來的。基於好奇心，我拿起阿哲的判決書細細閱讀。

這一讀讓我徹夜失眠。

案子發生的經過是，某日在高雄六合夜市，有兩個歹徒騎著一部機車搶一位婦人的皮包，然後這位婦人（載著兩個小孩）馬上於六合夜市內追逐歹徒，前後將近十分鐘，最後追不到就記下歹徒的車號。車號為阿哲及阿龍所騎乘的車子。

憑藉被害人指述，阿哲和阿龍都被抓進警局。兩人均詳細交代當晚的行程，表示搶案發生時晚上九點，兩人正在理頭髮，理髮店老闆娘可替兩人作證。警方不顧六合夜市人來人往，被害人有可能指證錯誤之風險，且皮包沒找到、贓物也不見，兩人又毫無前科，堅持將兩人移送法辦。由於阿哲當時正在服役，因此適用軍法審判，而他的友人阿龍則是普通老百姓，適用普通法院，於高雄地院審判。

雖然理髮店老闆娘也出庭作證，證明案發當下兩人確實在她店裡剪頭髮，有不在場證明，但審判下來一路的結果是，阿哲有罪。軍事法院認為阿哲載著阿龍，搶奪婦人皮包，一審判六年半，二審判五年，上訴駁回後入軍事監獄服刑；而阿龍的命運迴然不同，普通法院則列舉十幾點被害人可能指證錯誤之狀況，例如被害人追逐歹徒一陣子後，被追的車輛追丟了，阿哲跟阿龍所騎乘的機車這才出現，記錯車牌的可能性極高！因此判處無罪，最後最高法院判決無罪定讞。

就是最高法院判阿龍無罪定讞羅列的那十幾點理由，讓我無法入眠。

第二天一早天還沒亮，我就出現在阿哲的牢房門口。我把阿哲帶到一個小房間，兩人對望一眼，我還沒開口，他第一句話就是：

「怎麼那麼扯啊!!!」

我微微一愣，想著是哪件事扯啊？

「太不敢相信了，軍法官居然會一路這樣判下來，最後竟進來坐牢!!」

嗯，不用懷疑，他說的就是判決，我不能再裝傻。剎那間忽然有一股羞愧感，畢竟是這個體系裡的一員。忘了後來對他說什麼了，只記得第一次見面就在這樣的負疚下，草草結束，不，應該是說我落荒而逃了。

阿哲嘗試向檢察總長聲請非常上訴，聲請狀寫著，怎麼可能同一輛機車，軍法機關認定是被騎去搶奪皮包，司法機關卻認定是被害人指證錯誤，這台機車沒被騎去搶奪皮包？一人被判有罪，另一人無罪？兩者如何同時存在？不料遭檢察總長駁回，理由：這是事實認定的問題，不要來找我！

於是，阿哲在牢裡一天又一天，好個無彩青春。

阿哲說，在南部地方軍事法院一審判了六年半後。阿哲的媽媽，在營區徘徊，欲哭無淚，不知道該怎麼辦。這時，一位自稱是擔任過軍法官，後來轉任律師的人跟她搭訕，他告訴媽媽說：

「二審，我看也是沒什麼機會！」

「為什麼？」

「因為，軍法官之間都有階級跟同學的問題，後來判的人，又何必為了你兒子得罪之前判的軍法官呢？」

聽得媽媽充滿絕望。

信件檢查是獄方必做的工作之一，阿哲也因此帶給我們很大的福利，那就是他與女友的信。阿哲與女友（後來成了他的老婆）書信往來頻繁，閃得讓我們睜不開眼睛，有時讓我誤以為聶魯達正關在裡面。愛情的美、冤獄的苦、青春的喟嘆，盡在這幾百封信裡。女友從頭到尾相信阿哲的清白，這可能是他被國家徹底否定後，最重要的一根浮木。

記得有一次他在寫給女友的信裡面引述北島的詩說，

我，站在這裡，代替另一個被殺害的人，沒有別的選擇，在我倒下的地方，
將會有另一個人站起，我的肩上是風，風上是閃耀的星群。

實在令人難過。

有一天，長官神秘兮兮的給了我一封國防部寄來的信。打開一看，赫然是阿哲的假釋令!!白關了兩年多，終於要出獄了。

那天，阿哲提著個裝東西的塑膠袋，裡面僅有兩百多封女友寫給他的信，來到門口，衛兵喝令必須檢查，阿哲把每一封信整整齊齊的摺好放在桌上，最後再小心翼翼的放回塑膠袋。那是小王子阿哲的玫瑰花。

即將步出總門了，阿哲看著我，我對他報以微笑。

目送著阿哲即將走出營區大門的背影。南台灣美麗的夕陽將他的影子拉得長長的……我拿起總門電話，告訴門口的衛兵：

「這是 x x x x 號，假釋出獄，開門讓他出去。」

掛上電話，滿天晚霞讓我忍不住流下眼淚。

退伍後，到高雄找阿哲，相約在高雄愛河畔散步。他說，父親等不到他冤獄平反，就已經過世了。我送給他一本張娟芬寫的《無彩青春，蘇建和案十四年》，鼓勵他勇敢迎向新人生。

在德國讀書期間，發現德國、法國或其他歐洲國家，都沒有類似我國下轄於國防部的軍事審判制度，阿哲的友人阿龍經普通司法審判，可以一路獲判無罪，反而阿哲被冤判有罪入獄，更加顯示軍事審判制度確實需要徹底檢討。

二〇一一年返國、執業，很快的跟阿哲聯繫上，二〇一二年三月一日我們決定向大法官聲請釋憲，挑戰軍事審判制度的合憲性。

案件遞出後，很幸運的受到大法官受理，不久，洪仲丘案爆發，二十五萬人的努力下，二〇一三年八月六日軍事審判法修正，軍事審判制度終於正式走入歷史。

事實上，改革往往都是像阿哲這樣，如同一顆一顆小種子埋在人們的心中，一點一滴累積，才能長成巨大的力量。

軍法審判制度最後走入歷史，但阿哲就像過去許多遭受軍法冤判的案件一樣，平反之路才正要開始。

樂師悲歌

債權轉讓案

二〇一一年冬天的某日，來了一位阿伯，腳一跛一跛的，滿臉愁容，看似五十多歲。

阿伯說，是嘉義同鄉會的朋友介紹來的，想要問法律問題，隨即遞上一張破破爛爛的名片，上面只有兩行字：樂師阿青，以及電話號碼。

樂師？那不就如《海角七號》演的，是一份開心的職業嗎？我想著，然後問他前來的目的？他回答說：兒子想要自殺！靜靜聽完背後的故事，不僅沒有開心而且令人鼻酸。

阿青於一九九一年間向友人借貸，共欠友人三十五萬元（共計三張本票，分別為十萬、十萬、十五萬，均為一九九三年開立前諸本票），但已清償十餘萬元，惟餘款無力清償，友人一氣之下竟將該債權轉讓給討債集團，而阿青完全不知情。

時間來到二〇〇〇年四月十五日那天，阿青有事外出，只有年僅十多歲的幼子阿豪在家。討債公司成員忽然來到阿青住家，以欠錢未還為由，留置阿豪於屋內，並且告訴阿豪：

「你爸欠我們很多錢，打電話叫他回家！」

阿青一接到電話，這才知道，代誌大條了！友人將債權轉讓與討債集團。

討債集團向阿青表示：阿青應簽字同意返還四百四十萬元（債款三十多萬加計利息，以及十倍違約金）。不過，雖然有十倍違約金之條件，但不會真的有事（意指只要阿青定期還款，就不至於強制執行）。

對方接著看了看一旁的少年阿豪，又補了一句：

「前提是必須有人擔保。」

所以，當時未滿二十歲的阿豪便成了保證人。阿青與阿豪因為萬分懼怕，只好簽立該十倍違約金之欠款協議書。另外，兩人須共同簽立四百四十萬元的本票，並說小孩子（尚未成年的阿豪）只是負擔保證人之責。

就這樣，阿青與阿豪，簽下四百四十萬的本票。

之後，該討債集團執上開本票，加計利息上千萬元，向地方法院聲請核發支付命令，而由於阿青父子四處租屋，戶籍地登記的也都是之前的租屋所在，因此支付命令在送達戶籍地後，無人簽收，寄存於戶籍地派出所，阿青全然不知情之下，因為二十天無人異議而確定。

原本這張上千萬元的支付命令確定，因為阿青、阿豪本來就無財產，即便該討債集團向法院聲請強制執行，亦因執行無著，對兩人生活並無影響。但，代誌大條的是，阿豪漸漸成年，開始上班賺錢，該集團隨即聲請強制執行，起先阿豪在加油站上班，除了自己的日常生活費用，還要負擔房租及家庭開銷，該討債集團仍每月自阿豪兩萬多元薪水中，扣除三分之一給付千萬元之債務。

阿青為殘障人士，家中尚有罹患憂鬱症的女兒，也就是阿豪的姐姐，全家幾乎僅僅依靠阿豪微薄的薪水二萬多元生活，現在又遭每月扣薪三分之一，背負千萬債務，生活之窘迫，實不難想像。更慘的是，加油站老闆在得知阿豪每月薪水被法院執行扣除三分之一後，為了怕麻煩，也委婉告知阿豪另謀他就。就照樣，阿豪必須不斷換工作，但只要找到新工作，法院執行命令又隨即來到，扣押其三分之一薪水，令他身心俱疲。

聽了阿青的故事，尋思著該如何處理，但也發現實際上非常棘手。因為此一支付命令已確定，要推翻一個確定的支付命令，就如同推翻一個確定的判決一樣，難度頗高。但是，難道就這樣讓阿豪背負上千萬債務，來面對他的人生嗎？何等殘忍！社會上就常見因支付命令確定，全家被逼燒炭自殺、家破人亡的新聞。

因此，我們第一個想到的，就是聲請大法官解釋，挑戰支付命令二十天不異議就確定的制度，主張支付命令制度違反憲法上訴訟權的保障。

支付命令制度是否違憲？

以與我國民事法律相類似的德國民事訴訟法為例，德國法的督促程序（Mahnverfahren）係以債權人向法院聲請核發支付命令後，經法院審核，法院即核發支付命令給債務人，命其付款。債務人收到支付命令後，可就此提出異議（德國民事訴訟法第六九四條），倘未提出異議，債權人可聲請法院核發執行命令。此時債務人尚得就執行命令提出異議（德國民事訴訟法第七〇〇條），如仍未提出，債權人即可聲請進行強制執行；如債務人提出異議，則債權人可提起民事訴訟請求清償。也就是說，德國督促程序需債務人對支付命令未異議，且對執行命令也未異議，如此兩次未異議，債權人始可對債務人施以強制執行。相較於我國不僅謹慎，且就訴訟權之保障上，較為周到，更不至於如我國實務界時常發生的，債務人未收受送達支付命令，而支付命令已經二十天而確定之憾事。

然而，大法官很快地將阿青的釋憲案不受理駁回，理由為：

「按司法院大法官審理案件法第五條第一項第二款所謂之確定終局裁判，依其立法及制度設計之意旨，係指聲請人已依法定程序用盡審級救濟之最終裁判而言；查聲請人就系爭支付命令尚得依系爭規定提出異議以為救濟，故系爭支付命令關於聲請人部分，並非確定終局裁判，聲請人自不得據以聲請解釋憲法。綜所述，本件聲請核與司法院大法官審理案件法第五條第一項第二款規定不合，依同條第三項規定，應不受理。」

理由實在令人錯愕，支付命令制度經二十天不異議而確定，這正是阿青所要聲請的標的，然而，大法官卻認為，因為支付命令可以異議，所以阿青並非用盡審級救濟不得聲請。試問，若阿青在二十天內有異議，就根本未受侵害，如何聲請？在大法官這樣的邏輯下，支付命令這套制度明明有問題，卻永無聲請釋憲之可能，這樣合理嗎？

（四年後的二〇一五年，在司改會的努力下，支付命令制度成功修法，修法後僅具執行力，而不具既判力，也就是不算判決確定。債務人在支付命令確定後，還可以提起確認債權不存在之訴，並明訂法院允許債務人提供擔保後就可以申請停止強制執行。大大減低支付命令的殘酷性。）

遭大法官不受理駁回，想到阿豪每個月薪水仍被討債集團扣除三分之一，兩萬七剩下一萬八，殘障的爸爸、憂鬱症的姐姐、房租、生活費，壓得這位賣力工作的青年快要喘不過氣，心情實在輕鬆不起來。

有一天，好奇地問阿青，為什麼名片上印著「樂師阿青」？阿青說：

「我是嘉義出生的，後來來台中發展，本來就是樂手，在夜總會、舞廳吹奏薩克斯風。有一日深夜，坐計程車趕場，結果一輛ＢＭＷ直接對著計程車撞上來，好死不死，司機沒事，撞到我坐的位置，人家在說，這就叫作註死的！我被夾在車內，痛不欲生，被救出來送到醫院，雖然救回一命，但是已經跛腳了！」

聽了阿青的坎坷人生故事，望著他一跛一跛走出事務所的背影，眼淚都要掉下來，也更加堅信必須找出方法的決心。

晚上回家，與太太討論到這件事。太太說：

「阿青單親照顧阿豪，而阿豪未成年，不知道這支付命令有沒有合法送達？」

「什麼意思？」

太太一邊泡奶一邊回說：

「未成年人部分的送達，應該是要送達給法定代理人才合法！」

真是一語驚醒夢中人！我與太太是大學同班同學，難怪當時她的成績都比我好。

將支付命令卷宗調出來的那一刻，整個心臟都快要跳出來。法院正確的送達方式，是必須送達一張支付命令給阿青，這是給阿青的支付命令。之後，就阿豪的部分，必須再送達一張支付命令上面寫著送達給阿豪的「法定代理人」阿青，再送達給阿豪。

果然，因為送達的相對人（收受一方）是阿青父子，因此，法院只有送達給阿青及阿豪，但是就阿豪的部分，並沒有再送達一次給阿豪的「法定代理人」阿青。也就是說，如果沒有再送達給法定代理人的話，那麼，阿豪部分的支付命令，就因為送達不合法而失效。

對於這樣的發現，我們當然雀躍不已。但，且慢，阿青和太太早年離婚，阿青就是阿豪的法定代理人了嗎？會不會，媽媽才是？法院送達給阿豪的媽媽了？一想到這可能性，不禁頭皮發麻。馬上把阿青找來。

「當初你是怎麼跟你老婆離婚的？」

「兩願離婚。」

「離婚協議書呢？」

「這麼久了，已經丟了。」

「那約定誰是阿豪的監護人，你記得嗎？」

「不記得了。」

一切似乎回到原點。於是趕緊騎著機車載阿青，到當年他與太太辦理離婚登記的戶政事務所，申請調閱當年的離婚協議書。

戶政機關的人員表示，年代有點久，不知道有沒有，得找找看。

經過漫漫的等待，終於等到承辦人員表示，可以影印。

拿到離婚協議書，定睛一看，差點昏倒，只寫離婚，子女的親權行使並沒有約定。不過，仔細一想，確實離婚是離婚，未必要約定親權行使啊。

如果沒有約定，而是共同監護的話，那麼，阿青的前妻有收到法院的支付命令嗎？這恐怕也只能問阿青的前妻了。

「那你打電話問你前妻，有沒有收到法院寄來的支付命令？」

「這~~~不太好吧。」阿青面有難色的說。

「事情都已經到這步田地了，不要再龜縮了。」

「十幾年沒聯絡，對方又再嫁了，真的不好啦。」

只好由我來打。

電話一接通，心情實在緊張。

「你好，我是阿豪的律師，我想請問……」

「我不認識什麼律師，你是不是詐騙集團？」

「不是~~我是阿豪的律師啊，我是想請問，你有沒有收到過，要給阿豪的支付命令？」

「那是啥，從來沒收過。我跟你講，我已經離婚，又再嫁了，麻煩你不要來打擾我!!!」

「厚厚厚，那你都沒收到法院給阿豪的支付命令對嗎？」

「攏無，拜託，你麥擱卡來!!」

「厚厚厚，真的沒收到齁？」

「沒啦，是要講幾遍!!」

「厚厚厚，就感謝你耶!!」

掛上電話，終於，心上一塊石頭卸了地。

法院沒有送達給阿豪的法定代理人阿青，也沒有送達給阿豪的媽媽，阿豪的部分送達不合法，也沒有合法的代理，支付命令失效。我們以此理由，向執行法院聲明異議，該執行程序不合法，因為支付命令失效，不得作為執行名義來對阿豪強制執行。法院很快的就撤銷對阿豪部分的執行命令，認同我們的主張，終於拆掉這顆上千萬元的炸彈，阿豪再也不用被扣薪水了。

後來，阿青每每在中午愉快的提著幾個嘉義雞肉飯便當出現，問他為什麼要提這麼多個，他看了我一眼說：

「依你的身材，要吃兩個才會飽。」

阿嬤，你沒欠國家一毛錢

關廠工人案

約莫是二〇一二年冬天，有一天，看到苦勞網上有一個訊息，大意是說勞委會花了兩千多萬，請了八十個律師告大批關廠工人。一九九六至一九九八年間，多家紡織或電子工廠惡性倒閉，這些工人因此起而抗爭，政府起先「代位求償」，給予資遣費、退休金，不料十五年後，政府竟起訴要求返還。工人們都是老媽媽，十五年前的關廠工人，十五年後更窮，沒錢請律師，只好由工會上網徵求義務律師。

於是，我寫了信給這位留下電子信箱的秘書。他叫王浩。

我們約在新竹火車站對面的星巴克詳談。到了約定時間、地點，我有一點緊張，因為生平第一次見網友。他背著背包，還是個大學生，目前就讀台大，在工會兼職秘書，負責這件案子。

他拿出案件的資料，說他其實在台北也有找過一些打勞動法有名律師，但大家普遍上都認為這案件應該沒救，主要是當時工人向政府領資遣費跟退休金時，簽了「促進就業貸款契約」，契約中載明：借款期間自民國八十七年十一月四日起至九十三年十一月四日止共六年。還款則應自借款日起算，第二年起依「年金法」於每月四日向職訓局按月平均攤付本息。借款利率自借款日起算，第一年免計付利息，第二年起按年利率百分之三計息。

然而，簽約當時，雙方當事人均有默契，此等名為「借貸契約」，實際上為「補貼」，故無庸返還。許多的法律專家看過之後，卻認為既然已經簽了這項貸款契約，白紙黑字，有貸款就要還錢，所以一定會敗訴。

王浩說，「我去問了司改會的高榮志律師，他說這有可能契約被定性為公法關係，超過公法的五年請求權時效，就不用還！」

我是學公法，所以對民事契約不是很熟，聽王浩這麼講，不由得眼睛一亮。接著看到，這項貸款契約是根據一九九七年發布「關廠歇業失業勞工促進就業貸款實施要點」所訂定，由職訓局透過就業安定基金撥款七億餘元，與一一〇五戶關廠工人簽訂「促進就業貸款契約」，依失業勞工之就業年資不同，貸與失業勞工最高一百萬元以下不等之貸款。而該「貸款要點」之依據，根據其第一點之規定乃「就業服務法」第二十四條規定及「就業安定基金收支保管及運用辦法」第六條第二款規定，這些規定都是發生公法上的法律關係，而不是民法上的借貸關係。

「這契約是公法關係啊!!不是民法關係!!」

兩人越講越興奮。

「這是津貼，免還啦!!」當晚離開時，我對王浩這麼說。

「那你要加入義務律師團嗎？」王浩問。

「當然沒問題啊，請問有幾個案件呢？」我笑著問

「總共六百三十件，有一千三百人被告！」他答道。

我再也笑不出來。

第一次律師團在桃產總，我找了律訓同梯的劉繼蔚律師，以及德國鄰居六年、任教於政大的民法專家周伯峰教授。該次會議中，有一位同樣看到苦勞網訊息而來的曾威凱律師，以及司改會的高榮志律師、法扶的李艾倫律師、蔡宗恩律師，另有一位比較資深的律師，他是某工會幹部的舅舅。會後，除了那位工會幹部的舅舅之外，所有人都支持這案件是公法關係，國家要這筆錢完全沒道理。

周伯峰是民法學者，他認為這件案子根本沒有借貸的真意，否則為什麼過了十五年才來要？因此，給錢的一方沒有要拿錢的一方還的意思，拿錢的一方也認為這是政府的代償，根本不用還，根本沒有借貸的合意，非民法的借貸

關係。

於是，關廠工人案律師團確立了基本主張：要求法院裁定移轉管轄到行政法院審理！不過那位幹部的舅舅深不以為然，認為我們的策略不會成功，從此也不再參加了。

解決了訴訟的基本方向，接下來更棘手的來了。勞委會花了二千多萬元請了八十位律師提告六百三十件案，區域遍布台北、桃園、苗栗和台中，而光是桃園地院就有三百件，而我方大概才五個律師，如何打贏這場有史以來，最大規模的國家告工人的案件？於是必須再次招兵買馬，廣徵律師。到了第二次律師團，我們已經增加了桃園的王怡今律師，王律師所屬的「上善法律事務所」願意分擔一百多件桃園的關廠工人案，而我和曾威凱律師也被分派了桃園區。台北律師比較多，除了原來的李艾倫、蔡宗恩律師、有公法背景的高烊輝律師、非常關注勞動法案件的陳柏舟律師等也紛紛加入。

由於被告案件實在太多，於是大家分頭到處招人。有一回，我在法扶總會遇到吳俊達律師，我向他邀約加入，這位澎湖出身的年輕律師一口就答應，願意加入我與曾威凱這一組，分擔一百多件的關廠訴訟，令人無比感動。

二〇一三年五月一日勞動節這天，我和吳俊達、曾威凱在桃園開庭，是關廠案的第一庭，正式開打。法官是一位二十多歲的女性。我們向她陳述，何以認為關廠工人案根本就是一件公法案件，應該裁定移送到行政法院，不應由民事法院管轄。勞委會律師則主張，白紙黑字，既然寫借貸契約就是民事的借貸契約，沒有什麼好說的。

苗栗的狀況比較慘，到了第二次律師團會議，還是只有劉繼蔚律師，一個人負責苗栗地院四十件的關廠工人案。苗栗法官非常反對我們的主張，對移轉到行政法院不甚贊同。有位法官開完庭就直接向劉繼蔚表示，下一庭就要辯論終結，讓我們繃緊神經。萬一判決敗訴，就怕失利的火會從苗栗延燒到桃園，造成骨牌效應。於是，在庭期日，我們緊急號召關注此案的學生和社會人士，當天到庭旁聽。還好，法官最後裁定候核辦。

就這樣，年輕一代律師為關廠案被迫集結、串連。劉繼蔚隻身在苗栗，我們都是很菜的律師，面對法官的不友善，非常緊張。他一直慫恿我加入苗栗戰區。但依據律師法規定，要在當地執業，就必須加入當地公會，我當時僅加入新竹與台中的公會，因為關廠案又加入桃園律師公會，就是沒有加入苗栗的公會，最重要的是，加入的話必須繳納兩萬八千元。當時剛開始執業，根本沒有錢繳納這兩萬八。

有一天，劉繼蔚很神秘的說，「我已經有兩萬八，你可以登錄了！」我錯愕的詢問為什麼有錢。原來他媽媽在高雄大寮鄉開家庭理髮店，他原想向媽媽借，沒想到他媽媽為了關廠工人，竟願意出這筆錢。於是，我也和劉繼蔚到苗栗打關廠工人案。

正式開打之後，庭多到嚇死人，律師們常常台北、台中、苗栗、桃園四地跑，但多虧義務律師團出現，這些老媽媽們再也不必面對對造律師以及法官的壓力了。

當初勞委會是全面性提告，不僅告債務人，告債務人的繼承人，也告保證人以及保證人的繼承人。公共電視曾製作一集名為《無上限的被告名單》特集。描述關廠工人陳掌妹，已經得了癌症在做化療，勞委會發動的關廠戰爭，依然對瘦到剩下三十一公斤的她趕盡殺絕，非但對她提告，也告了當初替她擔任保證人的所有繼承人，因此除了她之外，有三十一名被告，年紀最小的兩歲，最長的九十幾歲。導致她帶著病軀出庭，而除了來自對方律師與法官的壓力，還遭到被告們的不諒解與咒罵，質問她為何不願意還政府錢，導致這麼多人被告？對陳掌妹這位勞苦一生、老闆卻惡意關廠落跑的工人來說，真是情何以堪？

不過，儘管我們主張關廠案是公法案件，實務上對此還是有所顧慮，畢竟法律圈內也有許多不同意見，我們必須強化這樣的主張。於是舉辦了第一次的關廠案研討會。

二〇一二冬天，在台大的研討會，邀請了台大公法學者林明鏘、林明昕教授，以及政大的公法學者林佳和教授，由我擔任主持人。會中林明鏘跟林佳和教授主張，關廠工人案就是一個公法案件，林明昕教授則認為是民法案件。關於法律問題的定性，原本就是會有許多不一樣的見解，唯有透過不斷研討、辯證，才能將問題的爭議點凸顯出來。

會中林明鏘教授說，國家發動的關廠工人案將關廠工人的生命，推向一個不可測的危機，然而，事實上勞委會下轄的七個勞動檢查處並沒有徹底實施勞動檢查，才導致這些惡性倒閉的工廠沒有依法律規定提撥退休金，導致勞工在關廠後領不到退休金，因此勞委會應該有國家賠償之責任。而勞委會所給付的資遣費、退休金，正是為了履行此一公法上責任。並且本件的貸款契約，性質上是從勞委會所制定的「關廠歇業失業勞工促進就業貸款實施要點」而來，根據該要點，其所依據的就是就業服務法第二十四條。該條所規範的便是「津貼」，因此，林明鏘教授認為，本件性質上應該是公法事件。不久，他與林佳和教授便出具法律鑑定意見書，向法官表明如果有需要願意受法院傳喚，到法庭說明關廠案的法律定性。

之後，我們又曾在一個禮拜內，連續四天到台大法學院拜訪多位公法學者，包括曾任大法官、國內公法學權威許宗力教授。他聽了這案件，便認定為公法案件，更從憲法第一五三條出發，認為關廠工人案是一種具有「社會補償」性質的津貼，同時答應擔任我們第二次研討會的主持人。

在王怡今律師、高烊輝律師的協助下，二〇一三年八月四日，關廠案在桃園舉辦第二次研討會，許宗力教授除了擔任主持人，還將他的見解整理出一份書面報告，他的「社會補償說」在關廠工人案中可謂至為關鍵，他更願意出庭向法院說明，何以他認為關廠工人案為公法案件。

我們很快的將許宗力教授的書面意見陳報送院，並且希望法院可以囑託他進行法律鑑定，及傳喚他到庭說明。許教授曾任大法官，又是國內公法學權威，此舉給法院造成不小壓力。也因為許宗力教授的力挺，我們在面對台中、苗栗等地法官的不友善時，似乎比較有了自信。

關廠工人案中的當事人大都處境淒慘，因為十五年來失業沒工作，受政府追討，怎麼可能會有錢還，更何況是加計十五年的利息。就如同林明鏘教授所述，國家告老工人的關廠案，是把這些工人推向不可測的生命危機。以聯福工人某阿嬤來說，其夫婿於被告任職聯福公司期間過世，獨子亦於二〇〇七年意外喪生，目前被告獨立撫養兩名國、高中的孫子，已屆七十高齡，為求溫飽，仍以拾荒、收取資源回收維生。她曾對我說：「律師，我也不怕被你笑，我也常撿拾餿水桶的食物來吃。」一家中所用的棉被、衣物，也是她撿來的，每月收入僅約三千元。當年在聯福公司任職期間，時常日夜趕工踩縫紉機，雙腳受職業傷害，現今兩腿都裝了人工關節，早已不良於行。

「接到法院傳票，想到眼前的處境，常常騎摩托車到最後看不見路，無法再繼續騎，因為眼睛都被淚水模糊了。政府不是應該救濟我嗎，怎會來告我？」

我都不知道怎麼回應。

另一位八十多歲的林姓阿嬤，目前一人獨居，夫婿已過世，每月僅靠領取三千五百元的老人津貼度日，而被勞委會以民事訴訟求償的本金、利息、違約金共七十多萬元。她的保證人是她的婆婆，當時已九十多歲。從勞委會仍然同意她以婆婆為保人，可見勞委會根本不欲工人償還，否則豈有以九十多歲無資力人為保的消費借貸？又如安姓阿嬤，母女都是聯福員工，如今女兒罹患癌症於台大醫院化療中，安阿嬤年近八十，家庭收入微薄，並領有老人低收入戶津貼證明。如今母女均受勞委會追訴連本帶利償還。

這些又老又病又窮的老阿嬤們，勞碌一生，臨老又被政府告上法庭，幾乎都要走上絕路了，勞委會卻堅持不撤告。案情膠著，訴訟上沒有進展，二〇一三年二月五日，這些老阿嬤們決定在台北車站臥軌抗議。

然而，當晚許多旅客因搭車時間延遲，有些人竟破口大罵。

「你們要死，死遠一點啦！」

「開車!!全部壓死！」

身為律師團的成員之一，悲憤交集。

臥軌之後，更多問題跟著來了。很快的，許多工運幹部和學生都收到台北地檢署傳票，罪名是刑法第一八四條的公共危險罪，刑度是三年到十年的有期徒刑。當天被告的有毛振飛等十二名，我、吳君婷律師與曾威凱律師擔任辯護人。檢察官希望隔離開庭，因此被告一個一個接著開，被告彼此並不知道他人的答話。我們坐在後方。

第一位進來的是毛振飛，他是桃產總理事長，已經為這些關廠工人奮鬥了十六年。檢察官告知罪名是公共危險，可以處三年到十年的有期徒刑。

「何人策劃臥軌？」

「我。」

「何人現場指揮？」

「我。」

「何人拿麥克風？」

「我。」

「最後有什麼補充？」

「希望由我來承擔所有責任。」

面對重刑，毛振飛面不改色，令人動容。

第二位進來的是林子文，也長期為此案奮鬥。

「何人策劃臥軌？」

「我。」

「何人現場指揮？」

「我。」

「何人拿麥克風？」

「我。」

「最後有什麼補充？」

「希望由我來承擔所有責任，不要起訴年輕學生。」

第三位進來的是吳永毅，也是希望能夠自己承擔責任。

在擔任刑事辯護人的經驗中，將責任推給共同被告是人的天性，如這些工人運動者，犧牲自己、照亮別人的行徑，實在相當罕見。這一天，讓我看到了人性的光輝。

到了五月，全國關廠工人連線決定在勞委會前進行絕食。絕食的工人裡，有的年紀已經相當大了，例如苗栗的林廷泉，手指因工殤而截肢，已經年近八十，問他為什麼要參與絕食，他說，「律師，我希望燃燒生命最後的餘燼，給其他的工人！」他是拿生命在拚搏。

但絕食將近兩百個小時了，工人們來到立法院，在立法院裡的勞委會諸公坐在這群絕食兩百小時的老阿公老阿嬤旁邊，他們在做什麼呢？

答案是吃便當。

行動結束後，工人們拖著虛弱的身軀回家，但關注此案的社會大眾卻越來越多，加入關廠工人律師團的律師也越來越踴躍，最後整個律師團已經有五十七個律師，加上工人運動者、法律學者、學生，每逢律師團開會，將近上百人參加。

而因為密集的開庭，到最後法院門口排班的計程車運匠大哥們，都知道我們是在幫關廠工人打官司。

有一回，我們一出法院，一行人又搭計程車要去火車站。到了火車站正要掏錢給運匠，沒想到司機大哥說：

「不用，免錢，我知道你們在幫這些工人打官司!!」

我們想說這樣不好意思，於是當下上演了台灣人最熟悉的場景，互相把一百塊推來推去!!

最後運匠大哥很生氣的把錢塞在我的口袋說：

「這是我對台灣的一點心意啦!!你們知否?!」

我們只好收下。

「好啦好啦，你不要那麼兇啦!!」

社會氛圍逐漸的在轉變中，令人非常感動。

二〇一三年八月二十三日，桃園地院溫宗玲法官勇敢的做出決定，將她手上全數關廠工人案裁定移轉管轄到行政法院。數天後，另一位桃園地院的年輕法官林涵雯，也將全部案件裁定移轉。

那天，陳掌妹的先生拿著這個裁定，在病榻前一字一字念給她聽，三天後，阿嬤過世了。她是第一位死前知道自己沒欠國家半毛錢的關廠工人。

這兩位年輕法官的裁定，為僵持不下、戰情緊繃的關廠案，投下一顆震撼彈。接下來就看勞委會要不要向高等法院提出抗告？律師團內部評估，如果勞委會又向高院提出抗告，戰場將移到台北高等法院民事庭，那又將是一場硬仗。

勞委會可說是進退維谷。一方面立法院有些委員如林淑芬、尤美女非常關心此案，另一方面是勞委會花了兩千多萬聘請八十位律師告關廠工人，社會觀感已經不佳，該採購合約約定是民事一審，如果抗告來到二審，勢必得重新花費律師預算，這麼一來要如何向社會大眾說明？而法院已經做出裁定，抗告若再度失利，又如何面對社會壓力？到了法定提起抗告期間，果然勞委會並未提出抗告。移轉管轄的裁定因勞委會沒有提出抗告而確定。

氣氛開始有了微妙的變化，許多法官或許是看到勞委會未提出抗告，於是紛紛跟進，將手上的關廠案裁定移送行政法院，案件移轉管轄越來越多，不久便達到所有案件的半數。

之後，我們隨著這些案件來台北開庭，關廠案的律師團又加入郭德田、李荃和、周宇修、陳孟秀等優秀的年輕律師，軍容越來越壯大了。

有一次開完庭，正要離開，李荃和律師跟我說，「學長，原來開庭可以這樣開喔，以後我也要這樣！」聽得我一頭霧水，他緊接著才說，「你剛剛整整罵了勞委會的法務主任半小時啊！」

其實，面對法官的不友善與質疑，我們非常無奈，但也必須武裝自己。時間來到二〇一四年三月七日。台北高等行政法院庭長王碧芳法官在一次開庭時，勞委會的訴訟代理人提到：

「總統說……」

王法官忽然一臉嚴肅打斷他的話，「總統是什麼？在這個法庭，我只服膺憲法、法律，和我的良心！」

長夜將盡，黎明就要到來了。

這一天，王法官宣判原告之訴駁回，關廠工人勝訴。宣判一出，許多律師和工人都流下眼淚。糾纏了十八年的關廠工人案，總算等到撥雲見日的一天了。可惜的是，許多的關廠工人老阿嬤，等不到這一天，就離世了。

直到走出法庭，我都沒有掉下一滴眼淚。但到了法院門口，看到毛振飛抱著所有人流淚，我再也忍不住了，跟著大家抱在一起，大哭起來。想到這些人，為一群不相干的人奮戰了十多年，又被判刑又坐牢的，怎能不激動！

曾威凱說：「做律師沒有什麼了不起，關廠工人案的勝利，是這些工人冒著生命危險跳下鐵軌，是他們六步一跪，是他們絕食幾百個小時，幾乎付出生命代價得來的！」

能夠陪伴這些關廠工人，參與這樣的律師團，分享痛苦與血淚，我想許多人都會和我一樣，覺得這一生沒有白活了！

奇妙的緣分

三兄弟撫養權案

來者是三兄弟，從桃園來，年紀都三十多歲，他們說，最近被告了，案由是請求撫養費，很急，明天要開庭。

告的人是他們的母親。目前人在市政府的收容機構，而該機構日前曾寄發信函給三兄弟，要求給付安置費用每月兩萬元。

「她沒有養過我們，怎能請求撫養費!!」三兄弟的大哥忿忿不平的說。

「她是你們的媽媽，為什麼她沒有養你們？」我好奇的問。

二哥馬上接著說，「真的沒有。」

根據他們的說法，從小，媽媽就終日流連於賭場，每日濃妝豔抹，打扮得花枝招展，到了深夜才回家，有時甚至徹夜不歸。而爸爸，為了三兄弟，日夜開計程車賺錢養家，但因為媽媽沉迷賭博，因此常常欠賭債，於是，爸爸辛苦賺的錢，很快就被媽媽花光了。

「如果媽媽都不在家，你們要如何吃飯？」

小弟立刻答道：

「我們在村子裡我們的同學家輪流打游擊，許多同學的媽媽看我們沒飯吃很可憐，會給我們飯吃！」

「我們三人算村內的名人啦，大家都認識我們！」二哥苦笑著說。

媽媽除了流連賭場，置三兄弟於不顧，到了大哥讀國中的某日，忽然不告而別，就這樣過了三十年。他們再也沒見過媽媽。

「媽媽走後，我守著電話守了一個禮拜，這通等待媽媽打來的電話，到現在三十年，還沒有響起來過。」大哥說。

而除了不告而別外，更令他們憤慨的是，媽媽走的時候，還以他們住的房屋設定貸款，向銀行借錢，更將爸爸的計程車變賣，讓爸爸連計程車都沒得開。

「計程車是爸爸賴以維生的工具啊！爸爸還這些貸款還了一二十年！」小弟氣憤的說。

媽媽人間蒸發，爸爸必須借錢買計程車，並且更賣力工作，償還媽媽向銀行借的貸款，而孩子們到了國中的時候，就必須到鐵工廠做工賺錢。

「我的手指因此在國中的時候，被機器壓到截肢！」二哥伸出他的右手，示意我看，果然無名指遭截斷。後來輾轉得知，媽媽跟另一個男人，在台中生活了三十年。

「媽媽沒有養你們的事實，有誰可以證明？」

「有，我們國小同學跟我們一起長大，都可以來證明！」

聽完了三兄弟的敘述，我大概知道了他們氣憤的原因，因此決定受委任，準備隔日跟他們一起出庭，向法官說明。

到了開庭的時間，看了一下報到單，咦，怎麼會有五個被告？正驚魂未定之際，忽然聽到大哥說：

「為什麼坐在庭外那位女生，長得跟我媽媽年輕時一模一樣！」

二哥跟小弟也馬上驚呼，真的一模一樣!!

於是小弟與該女士交談，該女士就跟三兄弟相認。

「我是你們的大姐，我還有一位弟弟，也被告，今天沒有來。媽媽在生下我們兩人之後，就不告而別，據說是跟著一位計程車司機一起生活！那位計程車司機應該就是你們的爸爸。」

三兄弟差點驚嚇到說不出話來，就這樣多出了一個大姐。

開庭的時間已到，三兄弟變成四姐弟坐在我身旁，時間一分一秒的過去，三十年來，沒有人見過媽媽，如今即將要在法庭上相見。

終於，市政府的社工推著他們坐在輪椅上的媽媽出庭。

法官問原告，媽媽要告什麼？老太太馬上回答，被告都是她生的，要請求撫養費。

正當三兄弟要答辯，忽然大姐火力全開，滔滔不絕，細數母親只生不養，讓她與弟弟從小沒有媽媽，顛沛流離。

「活到快四十歲，今天第一次看到媽媽！」

老太太也不甘示弱，回了一句：

「你沒吃我的奶，你會長大？」

這句話讓大哥火冒三丈，向法官表示：

「媽媽除了終日流連賭場，根本沒有養他們，離家三十年，連父親過世時也不願回來看一眼！實在有夠狠心。」

法官最後詢問兩造，是否有證據要請求調查？我方主張，三兄弟的國小同學阿強可以證明，媽媽沒有養三兄弟，他們都在同學家吃飯！我們要傳喚阿強。

當阿強來的時候，他說：

「我現在在台北工作，但是我今天一定要來作證，我跟三兄弟一起長大，我看到我的朋友，每天三餐不濟，輪流在每個同學家吃飯，我要跟法官說，他們不是媽媽養大的，媽媽都在賭博，他們是我們村子養大的！」

法官問媽媽有何意見，媽媽說，

「證人說的不是事實，是孩子的爸爸在賭博！」

過了一個月，法官宣判：

大姐跟她同父母的弟弟免負撫養義務，因為媽媽在他們一兩歲時就離開。三兄弟大哥每月負擔兩千元、二哥一千八百元、小弟一千五百元撫養費。

聽完判決，離開法院的時候，大姐對我說：

「律師，你知道在這個案件裡，我最痛苦的是什麼嗎？」

「大姐，你不是免負義務？」我疑惑的問。

「但我發現，原來，我居然跟我媽的長相、講話的聲音一樣，連互嗆的態度都這麼相像！這是我最痛苦的地方！」

看著他們一起聊天離開的背影，至少，經過這個悲傷的案件，大姐多了三個弟弟，而三兄弟多了一個姐姐。

人海茫茫，這可能也是奇妙的緣份。

阿公的遺愛？

拋棄繼承權案

眼前是位美麗的大姐，人很親切。她說，她爸爸走了。

「爸爸年輕的時候很帥，而且很有文采，非常吸引人，很愛小孩，跟孫子們感情非常好。」她說。

爸爸過世後，兄弟姐妹發現他生前孑然一身，擔心是否還有債務，因此向法院辦理拋棄繼承，不料，才剛遞出拋棄繼承的文件，法院都還沒備查，地政局卻寄來了一張公告徵收的公文。寫著爸爸有一塊田，被政府徵收，可以領取徵收補助款。

爸爸怎麼會有田？眾人非常錯愕。

原來，這塊田從民國五十幾年起，已經被政府列為公共設施保留地，因此根本無法使用，而政府也遲遲沒徵收，久而久之，全家人都忘了有這塊地的存在。現在收到政府的徵收處分通知，但家人在不察下，已經辦理拋棄繼承了。地政機關認為，既然繼承人已經辦理了拋棄繼承，「是繼承人自己要拋棄繼承遺產」，因此徵收補助款不應該發給繼承人，而將移給國有財產局。

大姐說，家人在發現地政局通知後，就向法院遞了撤回狀，認為拋棄繼承的意思表示錯誤，要求撤回，但法院仍然做了備查。

隨後，繼承人即被繼承人的子女們，共同提起確認繼承權存在，主張該拋棄繼承之意思表示有錯誤，因為當時繼承人們並不知道爸爸有徵收補助款之存在，才辦理了拋棄繼承。

但法院判決認為，拋棄繼承是無相對人的單獨行為，只要繼承人於法定期間內，以書面將拋棄繼承之意思表示向法院為之時，就已產生拋棄繼承效力，無從將該意思表示撤回。而誤認為沒有財產可以繼承，因此拋棄繼承，是一種內心「動機」的錯誤，並不符合民法第八十八條錯誤之要件，因此判決駁回。

就這樣，一個父親辛苦半生留下的一塊田，被政府設定公共設施保留地超過五十年不能使用，好不容易留下補助款，家人竟一毛錢也拿不到，真是情何以堪？

這樣的情況真的對嗎？國家可以因為人民失誤辦理拋棄繼承，就不給予人民徵收補助款？更何況，依據大法官釋字第三百三十六號解釋，都市計劃法所劃定之公共設施保留地，經通盤檢討，如無變更之必要，主管機關應盡速取得之，以免長期處保留狀態。

本案的情況正是如此。

被劃入公共設施保留地，欲哭無淚了五十年，不能利用，國家又不徵收，讓人民的「特別犧牲」持續了半個世紀，幾乎忘記這塊地的存在，如今卻完全不給予補償？

這到底是國家的過失責任比較大，還是人民的過失責任比較大？

大姐談話時，不時追憶起她的父親，這位一生艱苦又瀟灑的男人。我想，就像其他在這塊土地上辛勤耕作的農人一樣，他一定很希望能夠將田地留給子孫，這也是他卑微的心意。

我告訴大姐說：

「一定有辦法，國家拿了地，應該要補償。不補償是不對的，只要不對的事，一定有辦法！」

雖然我還想不出有什麼辦法。

大姐再三拜託，儘管補助款不多，但畢竟是父親留給孩子的最後心意。

回家後，抱著一歲的小女兒，忽然閃過一個念頭，會不會在拋棄繼承當下，被繼承人的子女有人懷孕了呢？如果有的話，那麼這個胎兒就可能成為整個家族中，唯一一個沒有辦理拋棄繼承的人。

於是打電話給大姐，不料，答案是：「沒有。」

希望再度落空。

隔天，送大女兒去幼兒園，看到許多父母送小孩來，也有是阿公阿嬤騎機車載來的。忽然想起，拋棄繼承表面上儼然是一次辦理，但實際程序是由我們這一代的家長（子輩）拋棄了繼承，然後由孫輩繼承；之後，子輩又幫小朋友（孫輩）拋棄繼承。也就是父母拋棄繼承後，又幫小朋友拋棄了阿公的徵收補助款。

父母幫小孩拋棄了原本小孩可以繼承的補助款，這樣一來，不就傷害了小孩的利益？

根據民法第一〇八八條第二項規定，「父母對於未成年子女之特有財產，有使用、收益之權。但非為子女之利益，不得處分之」。

這個立法的意旨，正是在避免父母對未成年子女的特有財產不利益處分，以保障兒童的利益。而父母「不小心」拋棄了未成年子女對阿公的徵收補助款之繼承權，不就是對未成年子女的特有財產的不利益處分？

再進一步查閱相關實務見解，雖然少有和本案相同的案例，比較類似的情況，有時候也會發生在爸爸過世後，未成年子女有一男一女，媽媽卻因為重男輕女，將女兒的繼承權辦理拋棄，導致只有兒子可以繼承。女兒成年後，覺得媽媽當時的作法非常不公平，提起確認繼承權存在之訴，法院也認為這種情況下，媽媽所為是對女兒不利益的處分，這樣的拋棄繼承應該無效，女兒應該有繼承權。小朋友因為沒辦法保障自己的權利，所以必須透過法律制度給予特別保護。

於是問了大姐，孫輩未成年子女有多少人？答：有六人。

我們以該六名未成年子女為原告，向國有財產局提起確認繼承權存在之訴，主張父母幫未成年子女所做的拋棄繼承，拋棄繼承阿公的徵收補助款，這樣的處分應該無效，孫輩對阿公的繼承權應該存在。

最後，法院判決肯認了，未成年子女的利益應該優先，父母對子女所為之拋棄繼承無效，孫輩的繼承權存在。阿公的徵收補助款，可以遺留給孫子們了。

判決後的一天，大姐帶著孩子來事務所，她說，在天上的爸爸若知道這個結果，一定很高興。

孩子可愛的笑容，似乎也感受到阿公的愛。

沉默的三明治

酒駕案

接到犯罪被害人保護協會台中分會的電話，說有一位年輕的高中生，遭酒駕的人撞死，要我們幫他寫民事起訴狀，他的父母會前來。

在等待高中生的雙親時，我看一下資料，死者才十八歲，正值青春年華，周日早上騎機車外出，想不到被這一名已經有兩次酒駕前科，駕照正在吊扣中的駕駛撞上，當場死亡。

肇事者在肇事後逃逸，一直到當天下午才被逮捕，移送到警局，仍然爛醉如泥。

父母來了之後，看到的，是不忍卒睹的畫面，媽媽坐在旁邊一直哭，根本無法談案情，爸爸話很少，談沒幾句，一直重複：

「就這樣沒了！就這樣沒了！」

兒子是高中籃球校隊，長得一表人才，身高一百八十幾公分，是大帥哥，滿十八就考取了機車駕照。案發當天早上校隊練球，他從家中騎車出來，準備到學校，不幸遇到這名喝了一整晚酒的駕駛。

在這樣的案件裡，民事訴訟的目的是要請求賠償金，然而，根據犯罪被害人保護協會協助查詢的資料，肇事者根本沒有任何財產，即便打贏了官司，被害人可能只獲得一張法院發的債權憑證，一毛錢都拿不到。

跟這對傷心欲絕的父母說明這樣的狀況後，目送他們無奈而悲傷的離去，晚上一遍又一遍的翻閱這些資料，心裡想著，如果這樣的事件，最後只能得到一張債權憑證，是多麼不公平的一件事啊！

看著看著，忽然在資料中看到，肇事車輛並不是肇事者所有，而是他的弟弟。而肇事者因為之前尚有兩次的酒駕紀錄，機車與汽車的駕照目前都在吊扣中！而他更在警局坦承，案發的前一晚，與他的弟弟一起喝酒喝到深夜，才開著弟弟的車離去。

因此，我又再度把這對夫妻找來，告訴他們，也許有一絲希望：那就是請求肇事者與借給他車子的弟弟應該要付連帶賠償責任！

我們的民事起訴狀寫著：被告兄弟兩人連帶賠償，因為弟弟明知哥哥酒醉而且駕照還遭吊扣，竟將車子借給哥哥開走，罔顧他人生命，明顯有過失，因此應該連帶賠償。

另一方面，我們趕緊向法院聲請對弟弟假扣押，很快獲准，查封弟弟的房屋跟不動產。

很快的收到對造的答辯狀，裡面寫著，弟弟根本不知道哥哥有酒駕的前科，也不知道哥哥的駕照被吊扣中！

開庭的時間已到。由於犯罪被害人保護協會僅派任寫狀紙，所以由當事人出庭，我告訴爸爸，只要照著我們準備的起訴狀講給法官聽，兄弟都必須負責。媽媽在一旁憂慮的看著爸爸，擔心的問：

「你可以嗎？」

爸爸看一看一言不發，點點頭表示沒問題。

我答應他們陪同出庭，但只能坐在旁聽席。

沒想到，法官一開口劈頭就問：

「你告借他車子的人做什麼？」

爸爸表示，「因為他有多次酒駕前科，不應該再借他車子。」

「那搞不好人家根本不知道他有酒駕的紀錄啊！那請求權基礎是什麼？」

沉默的爸爸更沉默了，媽媽一面流淚，一面一直看著我。

對造則表示，他根本不知道哥哥有酒駕，房子就被假扣押，實在莫名其妙。

媽媽哭著向法官說，「可是我兒子被撞死了！」

法官最後裁示，如果要主張連帶責任，要有證據證明車主明知肇事者有酒駕的紀錄，必須聲請調查證據，請原告再去請教律師，訂一個月後再開庭。

爸爸眼神一片茫然。

步出法庭，我非常自責，因為我們這個起訴狀，主張車主跟肇事者連帶，讓這對傷心的父母更傷心、更絕望。

於是我告訴他們說，「我們一起努力，一定會想出辦法的！」

到了下一次庭期，我們請求將肇事者過去兩次酒駕，在地檢署的卷宗，全部調閱過來，逐一比對。

卷宗調過來之後，翻看他之前兩次酒駕的紀錄，一次騎機車，遭警察臨檢，之後車輛被當場查扣。另一次開車，自己翻落田裡受傷送醫，而兩次肇事車輛的車主，居然都是他弟弟。

這樣一來，只要再進一步查證，警方有通知車主領回車輛即可。

被告車主的答辯仍然堅稱不知道他的哥哥是因為酒駕而肇事，在卷宗調來之後，也馬上委任了律師，本案進入肉搏戰。

進一步調查肇事車輛由誰領回。雖然機車酒駕這一次，該機車遭當場查扣，但神奇的是，該機車領回時，單據上簽的不是車主，而是他們的另外一個兄弟，逮捕通知書也不是通知弟弟，機車的線索到這邊也就斷了。

駕車翻落田裡這次，車子送到了某維修廠，果然，警方通知了車主前來將車上的物品拿走，所以弟弟來到維修廠，知道了他的車子遭哥哥開入田裡的情況。

但弟弟再度抗辯。

「我只是被通知，領回我車內的物品，我不知道是哥哥酒駕跌進田裡啊！」

案件進行到這個階段，連法官也非常好奇，並且對我方的態度，明顯友善許多。

法官也不斷的追問，「怎麼可能每次都騎你的車，開你的車，你卻不知道你哥哥都是酒駕肇事？」

弟弟的答辯是，「正因為我不知道哥哥酒駕，所以我才會借車給他啊！」

我們決定向法院聲請傳喚，當初翻到田裡那次，通知車主的承辦員警。

法庭裡總有那麼一刻，剎那間所有的人屏氣凝神，真相向我們正面襲來。

員警坐在證人席。

「請問您通知車主來領車時，有告知車主，他的哥哥酒駕翻落田裡嗎？」

法庭上安靜到連一根針掉落到地面的聲音都聽得見。

證人緩緩的回答：

「有，我當時有告訴他。我還跟他說，他哥哥有酒駕紀錄，不要再借車給他了。我當初的職務報告書我今天也有帶來，上面也有記錄我當初有告知他！」

我看到坐在身旁的媽媽，眼淚已經流下來。

判決結果我方勝訴，兄弟必須連帶賠償。

通知爸爸來拿判決書，他還是一貫的安靜寡言。黃昏的斜陽照著他的臉，事務所的同仁都下班了，只剩我跟他，送到門口，我整理一下文件，準備下班。

忽然，門又被推開，他再度進來，提著一包洪瑞珍三明治，拿到我的面前，久久，終於嘴角動了一下說：

「律師，這個～給你吃～」

我愣了一下，他就消失了。

在那個下班日，我一次吃了七八個三明治，畢竟，這是一個沉默的爸爸的心意。

那雙抖動下沉的手

劉炎國案

凌晨五點，原本熟睡中的十個月大小女兒醒來，接著嚎啕大哭。為了怕驚醒大女兒跟太太，我連忙將她抱到客廳，讓她坐上搖椅慢慢再入睡。過程中打開電視，忽然看到看了N遍的《珍珠港》，本想轉台，卻被其中一幕吸引了……

日軍轟炸珍珠港時，有個人掉進海裡，掙扎著只剩手浮出水面，許多人焦急著伸長了手，想要救出他，下一刻，他的手抖動之後不動了。我看著電視，竟然流下淚來。

二〇一四年的四月二十九日，我帶著劉炎國的非常上訴狀，進入台中看守所律見死刑犯劉炎國。

當天是我的生日，多年來的習慣，我會在自己的生日時，進入看守所律見我的當事人。為何如此？實在也說不上來，就是想跟他們聊一聊。一起律見的，還有另外一個我們認為有冤錯的死刑犯鄭性澤，三人相談甚歡，談到管理員一直催趕，出來的時候我看了一下時鐘，上午十一點四十分。

律見結束後三人並肩走在長廊上，劉炎國忽然說：

「律師，真抱歉在這個地方沒辦法準備生日禮物給你」

我說，「賣安呢共，阿國，下次再見！」

想不到六小時後，法務部長批准他的執行令，他被推上刑場槍決。此生再也不相見。

二〇一三年年冬天劉炎國簽下委任狀，請我們幫提非常上訴，這時的劉炎國，已經在看守所十六年了。

初次見面，他表示非常歹勢，還要麻煩我們。他一再表示，殺了賭客，他感到非常懊悔、自責，願意負起責任，但是女屋主確實不是他殺。我走出看守所，記得當時我還看了委任狀一眼，四月二十八日生。心裡想著：跟我生日四月二十九日差一天。萬萬沒想到，即將到來的這一天竟是他的執行日。

有一次劉炎國對我說：

「律師，可否律見我的時候，盡量選擇早上，比較少人，如果人多我會恐慌。」

因為在牢裡等死等了十六年，患了嚴重的恐慌症及強迫症，在牢房裡，他會不斷的擦地板，停都停不下來，自從他最後一個室友廣德強被槍決後，所方已經不敢讓其他收容人跟他同房，而因為他不斷的擦地板，也沒有其他人願意跟他同房。

因此，劉炎國就這樣過著獨囚的狀態。

獄中的收容人都是兩兩互相理髮，唯一一個願意幫他理髮的人，就是鄭性澤。

鄭性澤號稱「台中看守所理髮師」，每當有收容人出庭，預測會被交保出獄，就會來央求鄭性澤幫忙理一個「社會頭」，看起來比較像社會人士，而不是剛出獄的收容人。

鄭性澤也會每隔一段時間，來幫劉炎國理頭髮，因此，鄭性澤深受劉炎國的信任，我也因此都同時律見兩人。

劉炎國一定是我看過的刑事被告中最有懺悔之心，也最謙沖有禮的人之一。有著道上兄弟的豪氣，在我跟他相處的過程中，他不只一次的表示，對所犯案件十分後悔，願意負起責任。

劉案涉及的是，一九九七年於台中發生的一起強劫賭場案，劉炎國與同案吳姓被告持槍搶劫一賭場，沒想到賭客中有警察，該警察反抗，導致劉炎國開槍擊中其胸部，因而死亡。劉炎國對此部分坦承不諱。然而，根據劉炎國的說法，於該警員倒地後，他便馬上呼喊同伴快速離開，等他出門之後，他忽然聽見屋內傳來「砰」的一聲，他以為同夥開槍示警，便不以為意。

隔天劉炎國看到報紙才發現，該起案件竟然死了兩個人。另外一人為女性屋主。

案發隔天與同夥相約於新竹的咖啡店見面，劉炎國一見面就將報紙丟在桌上，質問同夥同夥說：怎麼回事？其同案被告支吾表示：「向後開了一槍，沒想到女性屋主竟然死了。」原來是同案被告臨走前向女性屋主開槍。

然而，劉炎國案的司法審判，法院有時判劉炎國殺兩人，同夥沒殺人；有時判劉炎國殺一人，同夥殺一人。關鍵在於，到底第二名被害人女屋主被誰所殺？法院有時認定劉炎國，有時認定其同案被告。根據在場目擊證人，屋主的女兒從頭到尾一致之供述，殺死其母親者，為吳姓同案被告。但最後確定判決卻認定是劉炎國殺害兩人，判劉炎國死刑，同案被告二十年有期徒刑。

更七審判決死刑確定後，開始了劉炎國的等死生涯，這中間他也委任律師嘗試過再審、非常上訴，均遭駁回。一次又一次的希望落空，讓他漸漸感到心灰意冷。最後劉炎國寫信給法務部長，希望可以執行死刑。

然而法務部長卻將劉炎國求救無門的挫折，轉而尋求解脫的無力感，解釋為其「一心求死」，令人感到國家機器的無情與殘忍。

如果劉炎國一心求死，他又何必接受我們的幫助，為其尋求非常上訴、再審的機會？能夠把一個久病厭世、患有強迫症、對司法灰心喪志的人，說成一心求死嗎？你有看過他的判決，了解這是一件判錯的案件嗎？而收到一個病人的來信，表示希望求死，法務部長就把他殺了嗎？

在劉炎國跟我的對話裡，他不只一次表示，看到報紙上我們所參與的關廠工人案、洪仲丘案的義務協助，讓他覺得，如果有機會求生，以後出來願意貢獻一己之力，讓這個社會更好。

我曾對他說，香港有死刑犯，後來出獄當牧師，以他的經歷教化許多誤入歧途的青少年，以後他可以扮演這樣的角色。他說，實在是感到羞愧，怎麼會做出這種事，如果要執行死刑，檢察官問他還有什麼話要說，他也只會說：「我接受，因為我確實做了壞事，雖然那個女性屋主不是我殺的。」

當劉炎國握著我的手，說：「律師，我不是一個好人，感謝你來看我，不知道要怎麼還，真歹勢!!」

我的疑問是，這樣有悔悟之心，這樣勇於承擔自己所造成的過錯的人，還應該死嗎？

我們在劉炎國遭執行槍決的當日下午，向最高法院檢察署送出聲請非常上訴狀，因為當天，立法院正在行使對新任檢察總長顏大和的同意權，我們對新任的檢察總長充滿期待。

我們當日不知道，法務部長已經批准了他的執行令。想不到非常上訴聲請一小時後被最高檢駁回，駁回的是代理檢察總長林偕得。

我國刑法有死刑的規定，但關於如何執行死刑？該通知家人見最後一面嗎？要電擊嗎？槍決嗎？如果還在聲請特別救濟程序的案件怎麼辦？除了由法務部長批准之外，在刑事訴訟法則上統統沒有規定。

依照法務部審核死刑案件執行實施要點，如果有聲請非常上訴、聲請再審、聲請大法官解釋程序進行中，便不得執行死刑。但從劉炎國案可以看出，該實施要點形同具文，因為聲請非常上訴，設若法務部要執行死刑，照樣可以將聲請非常上訴小時內駁回，然後執行槍決。

當天是周五。想不到，在劉炎國死後兩天的周一上班日，我的事務所收到最高檢給劉炎國的駁回函，這封信於周五晚間七點於台北郵局寄出，正本給劉，副本給辯護人。但當這封駁回函從台北的郵局寄出時，劉炎國早已在一小時前於台中監獄遭槍決。

這是一封寄出的時候就知道收信人收不到的批。

我在周六打電話到台中看守所，詢問劉的家人是否已經通知了？有人來幫他收屍嗎？他的東西有人來收嗎？看守所答稱：有。

在台灣，家人接到的電話，就是通知來收屍。

而沒有人知道，法務部何時要批准死刑，在當日的早上我律見劉的時候，他都不知道他的生命只剩下倒數四小時。

相對來說，即便在美國執行死刑的州，都會給予即將要執行死刑的收容人，會見其家屬最後一面的機會。

而對於劉炎國，我時常在想，如果最高檢不要一小時內駁回，好好看一下聲請狀，了解為什麼許多人都說，劉案確實有判錯，結果會不會有所不同。

最傷心的一盤棋

時效消滅案

當小何走進來事務所的時候，空氣中瞬間瀰漫了一股濃厚的味道。

他看了辦公桌的象棋，對我說，「律師，你也喜歡下象棋嗎？」

「對。」我答。

「在車禍沒發生前，我也很愛下象棋，而且我是象棋高手！」他淡淡的說。

他身上背著一個書包，書包裡有許多他收集的「資料」，還有大大小小的藥袋，穿著涼鞋，頭髮呈現亂七八糟隊形，然後帶著淡淡的微笑對我說，「但是車禍之後一切都變了。」

兩年多前，報社印刷工人小何下班，騎著摩托車回家，不料，被一輛左轉疾駛的貨車撞上，小何這方沒有過失，被送到醫院急救，傷到腦部，已經發了病危通知。經過醫生極力搶救，他的小命總算保住了。昏迷了好多天，醒來後，因為腦部受到重創，連人都不認得，不知道自己在哪裡，工作也沒辦法繼續做，連自己洗澡都有困難，還常常忘記洗澡。更慘的是，太太跟他離婚了，帶著小孩搬出去外面住。

案發大半年後，小何終於搞清楚，是誰撞到他。於是打電話給肇事者，肇事者向小何表示，「我會賠，等過一陣子就會賠！」小何非常無奈，有一天，他決定坐著公車，帶著書包順著警方所提供的肇事者資料，去找對方。結果，公車東坐西坐，最後迷了路，連回家都有困難。斷斷續續打了幾次電話到對方家中，得到的答覆都是，「我會賠，我會處理，再給我一段時間！」

到最後，小何已經忍無可忍，他的人生，他的健康，還有他最自豪的下象棋的能力，都被對方毀了。但對方還是沒有賠償半毛錢。於是小何向調解會申請調解，到了調解期日的那一天，對方也來了。

調解委員表示，撞到人就是要賠，要處理，說著拿著小何病危通知，還有腦部受傷的診斷證明書，告訴對方說：「你看，他被你害得這麼慘！」

沒想到肇事者馬上表示，他要主張時效抗辯。因為從案發到現在，已經超過兩年，依照民法的規定，案發兩年後已經不用請求了，他有去問過律師！

小何萬分錯愕，調解委員出面打圓場表示，多少賠一點啦！但對方堅持，已經超過兩年，時效已經消滅，不用賠！

聽完小何的故事後，我請小何去把病歷調出來，然後問他，「你當時認不得人時，都是誰照顧你呢？」

「我弟！」

我立刻問明小何弟弟的電話，趕緊將其找來。

根據小何弟弟的描述，哥哥被撞後，除了躺在醫院好幾個月，後來甚至還去住安養中心，回家後，到了那年的過年，都處在傻傻無法認人的狀態，根本不知道是誰撞到他，更遑論要主張權利。

於是我們幫小何起訴請求損害賠償，主張時效起算點應該要至少延後到該年的過年時，這樣一來，時效便沒有超過兩年。

肇事者來開庭，有時主張時效抗辯，有時主張他會賠，只是現在沒錢。但這恰好就像過去小何跟他催討時，他一向主張的，「我會賠，只是要過一陣子！」

我們向法官主張，這是民法上的「承認」，應該有中斷時效的效力。

每次開庭，小何都靜靜的坐在我旁邊，由於他常常忘記洗澡，以至於他身上的味道，再加上律師界傳聞律師袍不可以洗，雙重夾攻下，連我們自己都受不了。

有一次開完庭，走出法院，小何對我說：

「律師，真的很抱歉！」

「什麼事？」我問。

「因為我很臭。」

我不禁一愣，順口接下去說：

「不，是我的律師袍臭！」

其實，真相應該是兩者都有，加乘之後產生驚人的味道！

庭後小何都會背著書包，在法院門口等公車。

「真的好生氣啊，我的人生都被他毀了啊！」

小何說著說著，眼淚就掉下來了。

法官不斷的開庭，因為可能法官也覺得，這樣的「時效抗辯」，實在是很不公平的一件事吧！

由於我們主張小何車禍後，意識不清，根本不知要向何人請求，時效起算點應該是在意識清楚之後，法官於是決定調本案的刑事卷。在刑事卷內，可以看到案發是五月，警察與檢察官分別於十一月跟十二月偵訊小何，問其要不要提起刑事告訴，小何都答：「要。」所以法官的疑慮是，縱使小何於車禍後，有意識不清的情況，至遲到了十二月檢察官訊問時，應該就能夠清楚知道要告何人，然而，小何卻在兩年後的十二月底才起訴請求，如果這樣的話，還是超過兩年的時效。

針對這點，小何的說法是，檢察官訊問時，小何從安養院被太太載到地檢署開庭，檢察官問什麼他也搞不清楚，太太要他答說要，他就說要。

另外我方聲請傳喚了小何的弟弟。

「哥哥傷得很重，差點死掉，醫藥費跟安養院的錢，都是我出的，哥哥的狀況我最了解，一直到該年過年，哥哥還是處在無法認人、神智不清的狀況下，怎麼知道要向誰提告。」小何的弟弟說。

等待判決的時間特別漫長，小何有時候路過，就會來事務所聊天。大家也漸漸習慣了他的氣味，有一次中午休息，我問小何：「要不要一起吃？」

「好。」

吃麵的時候，他忽然抬起頭來跟我說：

「律師，你覺得，法官會不會相信，我真的搞不清楚撞到我的人是誰？」

「我不知道，但是我相信你！」我答。

判決結果，法院以時效消滅駁回我方的請求。

理由就是刑事案件，小何在檢察官訊問時，回答要告，所以被法院認定至遲在那時候，已經清楚知道賠償義務人為何人。另外弟弟的證詞，法院認為是回護哥哥的說法。

至於民法上的「承認」，法院則認為對方的說法並沒有構成民法上的「承認」，所以也沒有中斷時效。

有一天，要下班的時候，小何來拿判決書。

看了好久，一語不發。最後他說：

「律師，我們來下一盤棋好不好？」

「當然好。」我說。

腦部受傷的小何，每下一步，都要想很久。

下完，天黑了，小何將敗訴的判決書小心翼翼的摺好，收進書包，搭公車回家。

這是我人生中，下得最傷心的一盤棋。

等不到退伍的阿兵哥

洪仲丘案

七月四日清晨，當軍方將陸五四二旅義務役下士洪仲丘送回后里文化路的老家時，躺在他親友面前的，不是那個開朗、愛笑、身壯如牛的籃球隊長，而是剩下最後一口氣的軀體。這一天，距離他退伍只有兩天。這個成大畢業、已考取成大研究所的年輕人，甚至在退伍前已經找好了台南的房子，談妥了研究所的指導教授，想著一退伍，就要帶著父母、姐姐的期望到成大就學，繼續完成學業……

軍方馬上開給洪家死亡證明書，裡面載明：意外死，並註明准予土葬；

還告訴家屬，可以決定要不要解剖屍體，他們會來辦理撫卹的事宜等。但這猶如青天霹靂的事，洪家人一時之間茫然失措，只有千萬個不甘心：好好的孩子，當個兵，怎麼就這麼死了！

台灣當過兵的人都知道，當兵是越當越涼，怎麼都要退伍了，還被關禁閉，關到死呢？

幾天後，洪爸爸和洪姐姐來到我的事務所。當時洪爸爸仍一臉茫然，他說家裡務農，洪仲丘很乖，一邊讀成大，一邊打工賺學費，放暑假也都在家幫忙，「拔草、施肥、噴農藥、摘葡萄！」

一旁的洪慈庸接著說：「找了好幾位律師，他們都勸我們和軍方和解，不要再追查，接受軍方的撫恤金，何況在軍法體系裡告軍方沒有勝算。」說完，眼淚掉了下來。

洪爸爸心目中的洪仲丘，讓我想到讀大學、研究所時的暑假，自己也是回到嘉義竹崎的老家，「拔草、施肥、噴農藥、摘龍眼」；同是農家子弟，可以體會無勢無權被欺負的滋味。聽完洪慈庸的話，則想起一年前的阿哲案，我遞出軍法制度違憲的大法官解釋，並獲得大法官受理。對於軍法的不公正、不透明，我始終深惡痛絕。我答應他們會幫忙，而且會找更多律師一起來，那就是早在這之前已經成軍的關廠工人案律師團。

洪爸爸與洪慈庸堅決表示追查到底，必須知道死因是什麼。我跟他們說，命案如果要知道死因的話，就必須讓法醫解剖、化驗，才能進一步了解。他們顯得為難，因為洪媽媽捨不得。孩子都已經遭遇這樣的不幸，還要將屍體解剖，身為媽媽心有多痛，完全可以理解。我請他們再回去商量。

兩天後，我在新北地院開庭，慈庸打來電話說「媽媽同意解剖」。我趕緊聯絡軍事檢察官和法醫，最後商定七月十五日周一早上八點，於台中殯儀館解剖。

解剖主要由石台平法醫主持。我和石醫師在后豐大橋案時熟識，也跟著他到解剖室數次，他是國內非常資深的法醫。那天還有高大成法醫與其他兩位法醫在旁協助，我則代表家屬在場。

看著眼前一個才二十三歲的年輕生命，就這樣躺在冰冷的解剖台上，令人有說不出的難過。熱中暑導致凝血功能遭到破壞，幾乎全身瀰漫性出血，每個器官都腫脹了好幾倍。

解剖完畢，軍事檢察官當場開庭。法醫解剖對死因重新做了認定，因此軍方要求洪爸爸交出原來開據「意外死」的死亡證明書。

當天，我緊接著的另一個任務是，發送彌月蛋糕。小女兒正好滿月，太太交代我將彌月蛋糕發送給樓上樓下事務所的律師、親友，以及房東。晚上，滿載著祝賀回到家中，懷抱著才滿月的嬰兒，回想一天經歷的一切，真是感慨萬分。將一個小孩從嬰兒拉拔長大，父母不知道要花費多少心血、多少愛心，堂堂一個國家卻如此毫不疼惜、尊重！

隔日，尤美女委員與蕭美琴委員的國會辦公室表示，可以幫忙洪家家屬在立法院開記者會。我們於七月十七日北上，會中我們呼籲洪仲丘的軍中袍澤，提供線索，雖然仲丘已經走了，但可以一起為他做點什麼，不要讓他死得不明不白。當時的台權會長顧立雄律師也在場，他提出廢除軍法的主張，這其實也是台權會、司改會及許多民間團體，自解嚴以來的主張，可惜一直都無法被廢除。

顧立雄律師一步出會場，我當場向他邀請加入律師團，沒想到他不假思索立刻答應義助洪家。就這樣，加上原關廠工人案的王怡今律師、劉繼蔚律師及李宣毅律師，洪案律師團迅速成軍。顧律師甚至為了方便與家屬開會，都自己搭高鐵南下台中或新竹，十足的行動派。第一次律師團會議，就是在我家對面的新竹北大路人文年代咖啡廳。

一直到二十日，軍檢署如火如荼的每日開庭，卻從未通知被害人家屬委任律師列席，我與劉繼蔚前往軍高檢質問，沒想到軍方的回覆竟是，沒有收到委任狀!!

實在令人氣炸了！早在七月十五日於殯儀館開庭時，就當場遞交委任狀，否則當天如何開庭？另外，遞給軍高檢的委任狀，也在七月十六日以限時雙掛號寄出，隔日送到軍高檢，我還當場向國防部最高檢檢察長曹金生將軍提示回執，由收發室的某某某簽收……聽到這裡，某上校立刻假意詢問了收發室，不久才回覆，「有找到你們寄來的委任狀了！」簡直可以當演技派明星。而曹檢察長也馬上問我和劉律師是否有空，正有一場庭要開，可以移駕到偵查庭！當然是有空，不然來幹嘛?!

此後，通常軍方都在晚上的十一點才會通知我隔日的庭期，沒有傳票，而且是晚上的十一點！

「邱律師，明天早上我們在軍高檢八點，八點半，九點，九點半，各有四個庭，然後一組人要去二六九旅禁閉室，一組人要去天成醫院，一組人要去新竹空軍醫院，另一組人要去五四二旅。」

可以理解，這樣的安排和通知，目的根本不是通知開庭，而是不希望我們去開庭！

我開始打電話給關廠案律師團的律師，第一個打給李宣毅。

「李律師，明天八點你可以到軍高檢嗎？」

「可以。」李宣毅立刻回答。

第二個打給劉繼蔚，

「劉律師，明天九點你可以到二六九旅禁閉室嗎？」

「可以。」劉也立刻答應。

就這樣打了七通電話，給七個律師，而每一位都說可以，不到十一點半，一切安排妥當。我不禁坐在沙發上哭了起來。對這麼多律師的相挺，實在非常感動。

這些律師明早可能都有庭期或其他行程，但他們卻都答應我來開洪案的庭！一直以來，很多役男死於軍中，而軍方對外總是宣稱「自殺」，「意外」，說怎麼死就怎麼死，真相到底如何？始終是大家共同的問號，都不想讓軍方拿著一塊「國防布」，企圖把事實真相掩蓋過去。

這期間，劉繼蔚律師與李宣毅律師，原本分別住新竹、台中，後來乾脆就住在桃園的旅館，或我家，以方便開庭。劉繼蔚是成大電機系畢業，洪仲丘的校友，後來讀了台大電子所，博士班二年級的時候，從沒讀過法律的他，因旁聽法律系課程而考上律師。有他幫忙，自然可以處理有關禁閉室監視器畫面的部分。李宣毅是美國西北大學法學碩士，本來就鑽研刑法，對美國法、國際人權法尤其熟悉。有這兩位律師不眠不休的投入，我們因此得以和軍方持續抗衡下去。

軍檢總動員開庭，當時太太剛生下小女兒，在新竹東門圓環旁的月子中心休養，原本由我照顧大女兒，但因為洪案實在分身乏術，只好把大女兒帶去月子中心。

不料，太太完全不假思索的就說：「把小孩留下，趕快去，我們一定要替洪仲丘討一個公道!!」我差點眼淚奪眶而出。

許多人都有當兵或者親友有當兵的經驗，而能不能「平安退伍」，則一直是許多媽媽內心最深層的恐懼。洪案期間，事務所助理的媽媽就說，她不敢打開電視，不敢接觸這則新聞，因為覺得太殘忍了。

另一位當事人，是單親媽媽，說看了洪仲丘案，哭了一整夜，讓她想起二十年前，大兒子大學畢業上成功嶺受訓，因為操課搞到十字韌帶斷掉，整個腿腫得像麵龜，已經沒辦法走路，然後連日發高燒，但軍方就是不願意將他後送，小孩只好偷偷打電話向媽媽求救。接到電話的媽媽心急如焚，但無權無勢，也不知道怎麼辦，最後問到成功嶺的政戰部電話，照三餐打電話，打了N通電話後，終於可以到成功嶺見班主任。偌大的辦公室，幾乎只有該將軍和她。將軍還沒開口就生氣的拍桌。

「一個兵即使死掉都不算什麼，你到底在給我鬧什麼!!」

但是，她一點也不害怕。

「身為一個母親，我要保護我的孩子，我不會怕你。我的小孩已經不能走路了，請你讓他送醫，不然，我會發動十台遊覽車來抗議!!」

這位媽媽當然沒有十台遊覽車的人可發動，家裡只有大兒子、小兒子和她三個人。

但將軍最後終於讓小兵後送新竹空軍醫院。經醫生診斷，代誌大條，必須開刀，否則可能一輩子跛腳。不過，住院不到三天，趁媽媽外出工作沒到醫院，小兵被接回部隊，接著送往小金門。小金門只有衛生所，沒有醫院，要看醫生必須到大金門。這位小兵在坑道裡跛著腳，連吃飯都困難，而為了去金門醫院看診，媽媽一早就從新竹出發，帶著新竹空軍醫院醫生開的診斷書，到松山機場轉搭飛機到金門醫院，守著診間，等待兒子來看診。給金門醫院醫生看診斷書，希望小兵能送回台灣開刀治療，沒想到對方竟然告訴她：「不要小題大做好嗎，沒這麼嚴重！如果這樣要後送，那金門豈不是三分之二的部隊都要後送！」

小兵再度被送回小金門。媽媽傷心欲絕的離開，卻還是沒有放棄，回到新竹，再度到空軍醫院找當時那位醫生，趁醫生巡房時，告知醫生，部隊不願意將小兵後送回來開刀。值得慶幸的是，醫生一知道後便聯絡軍醫局，最後小兵終於回台灣開刀治療，撿回一條小命。

正因為這樣的心路歷程，這位媽媽清楚的知道，國家應該好好珍惜每個為國家付出的年輕孩子的生命，應該努力不讓遺憾再度發生。

在解剖之後，過了一周，石台平法醫判定本案並非先前的「意外」，而是「他為」，也就是因為他人的行為造成洪仲丘的死亡，向家屬解釋鑑定報告時，甚至補充說：「他為就是他殺。」沒關注到洪仲丘ＢＭＩ值高達三十三，猶不斷操練，導致他的死亡。

我們預期軍檢會開立一張新的死亡證明書，除了載明死因，還會有准予土葬或火葬的字樣，讓家屬知道接下來該如何處理。但一直到出事後一個月，也就是八月四日星期日，洪仲丘出殯的前夕，軍方還是不願意開立。我只好和洪慈庸到中軍檢，讓人傻眼的是，軍檢署檢察官竟回答：「我們沒開立過第二張死亡證明書！」

可是，原來那張「意外」的死亡證明書，已經在解剖時被軍事檢察官收走了，而且法醫重新判定是「他為」，必須要有一張「他為」的死亡證明書，我的當事人才可以下葬啊！對此，軍事檢察官一逕跳針的回答：「我們沒開立過第二張死亡證明書！」

離開軍檢署，從台中中清路回新竹，周五的下班時刻車輛很多，想起幾近一個月來被軍方惡整，有理說不清，連後天要出殯了，都拿不到死亡證明書，愧對家屬所託，感到萬念俱灰，一個恍神，結果在中清路上，以十公里的時速，發生這輩子第一次車禍，撞到前面的車子。真是禍不單行，幸好好心的運匠不跟我計較。

隔天八月三日，一九八五行動聯盟打電話給我，他們辦了洪案的活動，希望我們陪家屬一起出席。我趕緊聯絡了洪媽媽，相約晚上在凱道集合。當天下午我找了一件白上衣到竹北搭高鐵，赫然發現車內眾多穿白色上衣的年輕人。到了晚上，陪同家屬站上凱道台上，往下一看，黑壓壓一片人群，我跟洪媽媽說，至少有兩萬人。結果不是兩萬人，而是二十五萬人。在後台，令人萬分感動的是，看到許多白髮蒼蒼的媽媽帶著兒子的遺像，前來向洪媽媽致意。她們都是兒子死在軍中的家屬，這麼多年了，軍方始終不聞不問，她們很感謝洪媽媽願意站出來。

隔天一大早，就接到洪爸爸的電話：

「邱律師，你趕緊過來！總統要來，我會怕！」

原來是受到二十五萬人站出來的震撼，馬英九要來洪家。我趕緊從新竹出發，前往后里。

當天是洪仲丘出殯的日子，許多仲丘成大的同學、大甲高中的同學都來了，接著馬英九要進洪家，沒想到被庄內的人堵住，不讓他進來。很多洪家的親友、鄰居為馬一個月來對洪案的冷處理，深感氣憤難平。終於進到洪家，洪爸爸給我的任務便是：要死亡證明書！於是我直接開口嗆馬。

「今天都要出殯了，軍檢還不給我們死亡證明書！！這樣要怎麼下葬？」

「總統你一個月來對我們也是不聞不問，到今天死亡證明書都不給我們，時辰都看好了，不知道現在要怎麼辦！」洪爸爸接著說。

馬一副「看了報紙才知道」的表情。但現場有電視直播，眾目睽睽之下，馬如不處理，恐怕這場「慰問秀」就進行不下去了，畢竟他是被昨晚二十五萬人逼來的。於是轉頭交代軍方人員要給洪家死亡證明書。果然，當天下午死亡證明書就送來了，只是洪仲丘已經出殯。

記得和馬面對面之際，忽然手機訊息叮叮咚咚響個不停，其中一個是台權會執秘施逸翔，「邱律師，千萬不要跟他握手!!」多虧他提醒，我安然躲過死亡之握的威力。馬的無能與顢頇在洪案上表露無遺，我也不想跟他多說，嗆完馬之後，便轉身進屋。立刻看見洪家客廳旁的小房間內，昏暗的燈光下，坐著一個人，默默流著淚。是洪仲丘的阿嬤。

我問她怎麼坐在這裡，總統有來，不出去一下嗎？洪家的阿嬤對我說，「啊總統整個月攏無做啥，攏無跟我們關心，我是出去要做什麼！」聽了真是覺得非常悲哀。一個總統會不會得到人們的尊敬，絕非來自他的權力跟權威，而是到底有沒有真心關愛人民，如果沒有，哪怕只是一牆之隔，也沒有人理會。

隔日，立院朝野黨團決定修改軍事審判法，將平時的軍法管轄權移到普通法院管轄，於八月六日修法通過。二十五萬人的努力下，在台灣適用超過六十年、斑斑血跡的軍法審判，終於正式走入歷史。

洪案也隨著軍法的廢除，全案移轉到桃園地院審理。

案件中，我們與辯方主要的爭執，在於我們認為從洪仲丘收假回營、被查獲照相型手機的二十三日星期天，一直到二十八日早上被關進禁閉室，整個決定過程完全不合法。根據規定，禁閉悔過要開人評會，但其所屬的連隊只開過士評會；像洪仲丘這樣的義務役士官，根據國軍管理資訊安全的規範，根本就不能執行禁閉悔過；洪仲丘的體檢居然是早上體檢，當天下午新竹空軍醫院的報告就出來，恰好趕上當晚六月二十七日。整個五四二旅部參謀總動員簽核該禁閉公文。

為何是六月二十七日？因為六月二十八日是星期五，如果洪仲丘在這一天未被送入禁閉室，接下來是周六、周日，到了周一已經是七月一日，而他七月五日就要退伍了，勢必沒辦法執行該禁閉案。因此，如果要關到洪仲丘，二十七日一定要把公文完成。一個「一定要完成」的禁閉公文，代表著分層決行、各參層層審核只是流於形式。當晚整個五四二旅可謂全體總動員，目標就是要完成這份公文，以便將洪仲丘送進去關。副旅長何江忠在深夜十一點十九分批示公文後，居然十一點三十九分仍打電話給連長徐信正，詢問旅長沈威志是否批示公文了？從這裡可以知道，該公文是非過不可。隔天早上七點，人事官石永源已經站在旅長沈威志將軍的辦公室外，根據沈威志的說法，他審核這份公文，只花了一分鐘。主要是審核，

第一、各參有沒有蓋章。

第二、附件有沒有齊備。

當我們聽到這位國防部的重要將領，說出他批示這份決定將仲丘送上死亡之路的公文，竟是以這樣的標準審核，不禁無言。如果僅僅為審核公文上各參有沒有蓋章、附件有沒有齊備，為什麼還需要旅長、需要將軍來審核？就算依照沈旅長的標準，但本件公文的附件有齊備嗎？桃園地院的判決告訴我們，答案是沒有。這份公文連附件都缺漏非常多，包括執行禁閉悔過最重要的懲罰人令都沒有！更何況沈旅長在批示這份公文的前一晚，接到洪仲丘原本要傳給政戰主任，後來誤傳給旅長的簡訊，寫著：

「主任好，我是旅部連下士洪仲丘，由於我攜帶違禁品被懲處禁閉七日，但我有輕微幽室恐懼症，我不知道我能否撐過這七天，我今天有向心衛中心提出這問題，但似乎沒用，我甚至懷疑整個程序的正當性及完整性。今天剛體檢完，體檢報告馬上出來，心衛中心剛約談完馬上明天就送進禁閉室，似乎完全無視我的身心狀況。我承認我的過錯，接受對我的懲處，我只是不確定以我的狀況是否能熬過這七天，以及質疑整個程序的合法性。另外在我今日體檢時看到連上士官長拿著飲料過去八一三請體檢部門的人，我不知道是否因為這樣，以至於我體檢報告如此迅速出爐，還是因為我是屆退人員為了快速懲處而一切程序即可馬虎且粗糙，這整個程序讓我覺得相當無力及無奈，只好傳簡訊告知主任這情形，有打擾到主任的地方，我感到相當地報（應為「抱」之誤植）歉，謝謝主任！」

然而，這位旅長完全不顧這位義務役小兵的求救訊息，還是花了一分鐘就在這份悔過禁閉公文上批「可」。

洪案這些荒腔走板的行為，正可以說明不管實然或應然，都不宜由部隊決定要不要拘束人身自由的處分。

歐洲人權法院在一九九五年的「The UK v. Findlay」這個案子裡，更明白指出，英國國防部對 Findlay 這個士兵所為禁閉懲罰處分違反「歐洲人權公約」

第六條規定，即受處分人最低限度受公平聽審的權利。Findlay受處分之聽證程序中，組成人員均由Findlay的長官所指派，「從理性的角度來看，這樣的聽證構造並沒有獨立於部隊指揮」，也因此導致英國通過軍隊訓練法修正案（the Armed Forces Discipline Act 2000），將懲罰處分之程序獨立於部隊之外，對於禁閉處分，部隊須於四十八小時內將受處分人送交法院裁決。軍方連禁閉處分都必須受法院審查。

洪案之後，除了軍事審判制度的廢除，也讓這種不合理、殘酷的禁閉制度走入歷史，行政院更成立了軍冤會，重新調查包括李明興案在內的軍法冤錯案。能夠走到這一步，都要感謝洪仲丘的家屬不懈的堅持與努力，而他的成大與大甲高中同學、同樣也在軍中的袍澤們，以及二十五萬為洪案站出來的人們，挺身而出，仲丘的死才能受到社會大眾的注目，不被意外死亡所掩蓋掉。

洪仲丘在他軍中資料的自述中，個性欄寫著：路見不平，拔刀相助。顯然洪仲丘並沒有死，因為大家會帶著他的精神，繼續勇敢的活下去！

等了十四年的母親節

鄭性澤案

二〇一一年二月八日，那是過年後的第一個上班日，我進入羅秉成律師的事務所開始律師實習，才剛踏入新竹北大路的事務所，羅律師就拿了一袋子，裡面裝了一些卷宗，對我說：

「這件張娟芬認為有冤枉，你看一看！」

接過袋子，拿出裡面的卷宗，看到上面寫著「鄭性澤，死刑」。往後好幾周，我沒有其他工作，就只是看鄭性澤的卷宗，除此之外，還有鄭性澤與張娟芬往返的書信。兩個人都是字寫得非常漂亮的人，而張娟芬的著作《無彩青春》，蘇建和案十四年，則是我帶去德國留學的幾本書之一，常常在德國的深夜，重複翻閱，不知不覺掉下眼淚。

之所以會到羅律師的事務所上班，也是因為那年冬天大女兒出生，太太一人又要上班賺錢，又要照顧小孩，實在太辛苦，於是我一月從德國回到新竹，便開始找工作。這時候，想起張娟芬書裡羅律師為蘇建和案辯護的身影，於是上網查詢了他的電子信箱，然後厚著臉皮寫信，大意是看過張娟芬的書，深受感動，希望能到您的事務所工作。沒想到，看過張娟芬的書就像通關密語一樣，隔天，我已經長蜘蛛網的手機（當時已經離開台灣六、七年，幾乎沒有人會打給我），突然響起鈴聲，還嚇了一跳。

電話那一頭說：「我是羅秉成，你何時可來面試？」

約了當周的周五面試，見面時，羅律師的第一句話是：

「你也是嘉義人？」

「是！」我答道。

「你也是嘉中畢業的？」

「是！」我又答。

「過年後來上班！」羅律師一說完，就飛速離開。

我就這樣，錯愕之下開始了執業律師的生活。

記得回家告訴太太已經找到工作，太太抱著才兩個月大的女兒，聽完之後，說：

「這都要感謝張娟芬，幫你找到工作！」

進入事務所，每天抱著鄭案的卷宗，看著當事人一直喊冤，張娟芬也覺得這案件有問題，但詳細看了判決書，上面記載著被告自白、證人指述被告開槍、承辦的鑑識組長、法醫都認為被告以兩階段、移動開槍打死了被害人蘇姓員警，實在不懂這樣的案件為什麼會冤枉？不久，羅律師號召組成律師團，第一次律師團會議在二〇一一年三月的司改會，來的人有蕭逸民、林欣怡、張娟芬等人。他們都身經百戰，蕭逸民是蘇建和的唯一助理，根據羅律師的說法，他對蘇案的卷宗比律師還熟；林欣怡一九九九年起就任職司改會，後來擔任廢死執行長，鄭性澤案死刑定讞後，鄭寫信向林欣怡求救，林欣怡將求救信給了張娟芬，張娟芬又在蘇案獲判無罪當日，在貴陽街的轉角攔下羅律師，因此才有了後來這個律師團。

第一次面對律師團相當震撼，除了羅律師、林欣怡、張娟芬非常犀利的分析原確定判決的許多錯誤之處，印象最深刻的還有，蕭逸民當場播放本案的兇槍「制式克拉克」影片，這種槍枝是奧地利製警用手槍，特徵是無擊鍾、三連發，合理說明了蘇姓員警是在倒下過程連中三槍，真兇是羅武雄，而非鄭性澤。

聽了大家侃侃而談，直覺得相形見絀，這麼多人想得到的點，我竟然都沒想到。更重要的是，感覺到判決書上提到的每個點，都必須進一步仔細檢驗，手槍、血跡、屍體、彈殼、證人的證詞、被告的自白，都可能有疑。

對我來說，這場會議真的是震撼教育。會議結束後，林欣怡拿著一台攝影機，要與會的每個人說一段話，我一向拙於言詞，於是趕緊閃到司改會的廁所旁，不料又被找到，辭不達意勉強說了一段。其實心裡納悶的是，既然認定是冤錯案，鄭性澤又被冤判死刑，只要我們提出非常上訴或再審，一定很快就可以平反，接下來就再去處理其他案件，為什麼需要大費周章記錄大家的話？後來，遇到無數次非常上訴和再審的駁回，才知道自己完全是菜鳥，想法實在太粗淺了。

這次會後，我們便開始著手進行法律戰。首先，因為本案是殺警案，鄭性澤於當晚被捕後隨即被押解到豐原分局，隔日法官裁定羈押，但在進看守所的身體檢查表上，很明顯可以看出身體有受傷，該檢查表上甚至記載著，收容人自述下體遭電擊。

另一名張姓證人，則在一審提出一張傷痕累累的診斷證明書，當庭向法官表示，他在豐原分局被員警痛毆一整晚，離開警局的隔天，馬上到署立台中醫院驗傷，表示確實遭刑求。

由於本案很明顯有刑求的痕跡，法院卻未將刑求被告之下的警詢自白，以及相隔一小時後的檢訊筆錄自白排除，也未將證人被刑求的不實證述排除，我們據此向檢察總長聲請，提出非常上訴，主張原判決未排除被告刑求的自白與證人被刑求的證述，應屬判決違背法令。同時，我們也據此向最高檢察署請求閱卷，於是有了鄭案全卷卷宗，羅律師隨即進入台中看守所探視鄭性澤。

自二〇〇六年五月二十五日，最高法院駁回鄭的上訴，死刑定讞後，鄭性澤當時已經在台中看守所「待決」了五年。

羅律師的到來，帶給鄭性澤的無疑如黑夜中的曙光與溫暖。鄭向羅娓娓道來如何冤枉，如何被刑求，如何被電擊，如何在接到最高法院判決定讞的判決書時，將判決書一片一片撕得粉碎。故事很長，長到一次律師接見無法講完，羅律師便請鄭性澤將被刑求的經過書寫下來，寄到事務所。

隔周，我們收到鄭從看守所寄來的信，整整六頁，詳述自己被灌水、被以手搖式發電機電擊下體、被整夜的毆打，最後迫不得已簽下自白書，承認一樁他沒做過的事。

我掃描了這六頁血淚，分寄給律師團的其他成員，並照著羅律師說的，把它當成附件，寫一份補充的陳報狀，送進最高檢察署。我不禁想，看到這六頁，檢察總長心裡會怎麼想呢？也不禁期待，檢察總長可以很快的為鄭向最高法院聲請非常上訴。

不料，過了幾個月，收到最高檢的駁回。但我們再次提出第二次聲請。期間，召開了第二次的律師團會議，會中，羅律師邀請了某位法醫前來講解。法醫播著現場解剖的照片，分析本案應該是由死者前方的射手，以連續開槍的方式發射三槍。死者右眼下方中了第一槍，身體倒下的過程，胸部又中了第二槍，到幾乎與桌面平行的時候，頭部中了第三槍。

這麼一來，無疑推翻了原先確定判決所認定的，由死者右側的鄭性澤開第一槍，之後死者倒在地上後，鄭在槍戰中，繞過身旁的蕭姓、張姓證人以及羅武雄，在羅武雄身旁對死者開兩槍。

為何原確定判決的二階段移動殺人，不可採？「因為桌面上有一攤血跡。如果死者是頭部先中第一槍後倒在地上，絕不可能有這麼大面積的血跡，因為頭部右眼下方這一槍，幾乎是於臉部垂直打進去，入射口才零點五公分。」

大家聽得入神，現場一片安靜。法醫接著說：「反之，胸部這一槍入射口甚大，打到肝臟，肝臟是人體很多血的器官，解剖後打開胸部、腹部，發現沒有血了。為什麼？因為血液已經都流到桌面和地上了。所以一定是胸部這槍被打到，人趴在桌面上，因此有這攤血。不可能是倒在地上才中槍，是倒地之前就中槍。你們看胸部這一槍。」法醫放出胸部這一槍的照片，「這一槍，形成像驚嘆號的兩個傷口，上面這個是子彈擦過皮膚，下面這個是直接射入。為何一槍形成兩個傷口？那是因為一個身材微胖的人，身體彎腰向前會產生皺摺。而由這個槍傷就可以判斷，死者是在彎腰向前的時候，被從前面飛來的子彈打中。」

法醫講完，會議上的大家都有恍然大悟的感覺。我自己甚至不禁做了實驗，確實在彎腰向前時，胸部和腹部會形成皺摺。於是，我們更加篤定，鄭性澤並非兇手，兇手是羅武雄。

第二次的非常上訴，我們的主張主要是，原解剖的法醫，和承辦的台中縣警局鑑識組長，這兩位在上訴審與更二審被法院以證人身分傳喚出庭作證，卻都不是現場的目擊證人，根本不具作為證人的資格，要傳他們出庭，也應該是以鑑定人身分傳喚，因為證人和鑑定人的結文，在刑事訴訟法的規定上完全不同，也是兩套相異的法定調查證據方法。最高法院一向的見解也認為，證人的結文跟鑑定人的結文不可互換，否則沒有證據能力，證詞沒有作為證據的資格。更何況法院從來也沒有就本案的事實，囑託這兩位專家進行鑑定，所以他們既不是鑑定人，更不是證人。他們的證詞，依照最高法院的見解，證據容許性應該予以排除，原判決用了他們的證詞判被告死刑，應該是違背法令。

然而，滿心的期待再度落空，檢察總長又駁回了。在這之後，死刑案件的救援，顯得越來越緊張。因為停頓了好幾年的死刑執行，在馬政府為了挽救日漸低落的聲望與民調下，又重新開啟。每隔一段時間，就傳出將人押赴刑場的死刑政治。依照法務部標準，死刑冤案必須在聲請非常上訴、再審、大法官解釋等程序中，才可能不被執行。而就在我們正思考著下一步要怎麼做時，羅律師卻於周四下班前接到張娟芬訊息，說台北傳出消息，周五要執行死刑。

我們只好連夜趕緊製作再審狀。直到午夜，終於熬出一份聲請再審狀。按照刑事訴訟法規定，再審要向定讞的最後事實審法院提出，鄭案的最後事實審法院是台中高分院，於是隔天早上，我負責帶著這份書狀出發。

天一亮，我到竹北搭高鐵南下，到了烏日，事先約好的大學同學保源騎著機車來接我，然後我們一路狂飆到五權南路的台中高分院。遞了狀，蓋了戳章，又趕緊狂飆回到烏日站，搭高鐵北上，到台北將蓋著台中高分院戳章的再審狀副本，連同羅律師的信向部長表示，鄭性澤提起再審中，請不要執行死刑。

時間一分一秒過去，在法務部收發室遞完狀，離開時已是下午兩點。從重慶南路走到台北車站，準備搭車回新竹，一路上心裡忐忑不安。萬一今天被執行怎麼辦？一個被冤枉判死刑的人難道就這麼被殺了？應該不會吧？我們都已經提出再審，也陳報法務部長了。

五點，媒體公布法務部執行死刑，名單裡沒有鄭性澤。

羅律師的事務所實習期滿後，我決定來到台中自己執業。主要是當時爸爸腦部需要開刀，因此只好提早從嘉農退休，進住嘉義長庚醫院治療。想到自己到德國後已經六、七年不在家，跟太太商量，在台中自己開業，每日從新竹搭高鐵到台中通勤，也可以抽空回嘉義探視爸爸。於是在大學同學保源的協助下，租了他阿嬤在台中地院對面四樓的神明廳，開始執業。其實最興奮的是媽媽，也許是外婆遭飆車少年撞死的案件，媽媽自己跑台中地院、台中高分院好幾年，體會到一般人遭受變故的辛苦，立即拿著我的名片發送給諸親友，拚命幫我宣傳。其實親友大都是農夫，商業活動也不多，幾乎不可能有案件，加上剛執業，所以每天都在事務所看德國小說。

後來想到，鄭性澤不是在台中看守所嗎？不如來去找他。三天兩頭便騎著機車，沿著大肚溪河畔，來到台中看守所。

因為鄭並不是兇手，所以說真的，沒有什麼案情可以聊的。加上常常探視，漸漸越來越熟。有一次，我將女兒抱著一隻大熊的照片Po在臉書，居然發現徐自強來按讚，我整個人都愣住了。徐自強是司改會救援多年的死刑冤錯案，跟鄭性澤一樣，雖然知道他已出獄，但是看見他的一個讚，仍覺得好夢幻，深受鼓舞。

我跟鄭性澤說，徐自強來我臉書按讚，不知道什麼時候你也可以來按我一個讚呢？

「什麼是臉書？」鄭疑惑的問。

原來，阿澤在二〇〇二年入獄，當時世界上還沒出現臉書。於是我為他解釋了一番。

幾周後的聖誕節前夕，我收到他從獄中寄出來的明信片，上面寫著，

「顯智，我來幫你按一個讚!!」

我不禁莞爾。這也顯示出他的貼心與幽默。

鄭性澤還很用心的記得救援團隊每一個人的生日，然後在生日當天，細心製作卡片。律見時便常聽他說，羅律師的生日要到了，下周是張娟芬的生日，林欣怡是下個月，蔡晴羽的生日剛過，羅士翔生日千萬別忘記……。弄得我壓力也很大，為了減輕他一點壓力，我自己的生日，都主動到看守所跟他一見。

又有一次問他，「如果能夠出去，想做什麼？」

鄭性澤停了一陣之後，緩緩的說，「不敢想。」

「想一下啦！」我說。

鄭又停了一下，然後哽咽的說，「孝順父母。」

阿澤與我都是農家子弟，我可以體會他深信這樣的傳統價值，言談中也多次聽他談到，因為被冤判死刑無法照顧年老父母的遺憾。

鄭媽媽都會在每個月的第一個周日，來看守所探視鄭性澤。因為鄭性澤的弟弟只有周日才休假，而看守所固定每個月的第一個周日可以面會。鄭弟弟為了哥哥的案件，從偵查中到更二審到最高法院定讞，花了近百萬元的律師費，但他總是默默付出，一點都不抱怨，彷彿這本來就是他應該替哥哥做的事。

有一回面會，鄭性澤告訴弟弟，如果被槍斃掉的話，後事要如何辦理，話才剛起頭，拿著另一支電話的鄭媽媽馬上出言制止。

「賣共這啦！」不讓阿澤繼續講下去。

鄭媽媽會跟鄭性澤說，想要吃什麼就去買，家裡會寄錢進來。因為大家心知肚明，這次會面可能就是最後一次了。

有一天，接到一位媽媽打來電話，說她兒子在看守所，請媽媽一定要找我為他辯護。「因為看守所傳言，有一位律師常常去，非常勤快，一去都很久，連死刑的也敢辦！所以我兒子一定要找你。」

我不禁愕然，鄭性澤是被判死刑，但他是冤枉的啊!!

於是，我有了第一個看守所案件。律見這位年輕的詐欺犯時，鄭性澤就坐在一邊旁聽。

當時實務經驗很少，卻得面對當事人一連串問題，例如認罪後會判多久？要認罪協商嗎？還是讓法官判呢？詐欺犯離開後，鄭性澤立刻跟我說，「剛剛那個，依據我的經驗，以案情來看，大概判兩年六個月。」我嘖嘖稱奇，問道，「你怎麼知道？」「因為我在這裡已經十幾年，看過很多案件，司法實務經驗很多！」他說。該案判下來，果然是兩年六個月。當事人覺得我真是料事如神，其實是坐他旁邊的那位料事如神。從此，我得到一位強而有力的助手，許多刑案，都可以來請教「司法實務經驗很多」的阿澤。

漸漸的又有其他當事人接連找來。有一位是非常資深的某刑大刑警，每次律見，他都說，「律師，我已經認罪，只求判輕一點，趕快救救鄭性澤！」

我問怎麼知道他冤枉，他說，「殺警案被刑求，依照我的經驗是很正常，問題是弄錯了，當時如果等刑事局D槍彈鑑識報告回來就好了，太快做認定！」

另一個台中某酒店老闆，涉及妨害風化罪被羈押，他也說，「鄭性澤百分之百是冤枉的！律師，你去過酒店嗎？依我從事酒店業將近一二十年的經驗，台中像十三姨KTV這種酒店，一定是椅子距離桌子非常近，這是裝潢的時候就這麼設計了。為什麼？因為這樣讓客人方便倒酒，店家才有酒錢可以賺，怎麼可能如確定判決所說的，鄭在槍戰中，繞過三個人開槍！根本連走都走不過去！太荒謬了！」

真是又學了一課！

每周至少去看鄭性澤一次，以便讓他保持和外界的聯繫，知道外面很多人在關心他。有時候也會跟鄭聊聊自己的事。有一回，我說：「怎麼辦，太太生了第一個小孩後，很想要有第二個小孩，但是努力了許久，還沒有消息。」

「厚，我來想辦法！」鄭說。

「你要安怎想辦法？」我問。

「我念《金剛經》、《心經》，回向給你跟太太。」他說。

說也神奇，不久太太居然就說「有了」！我們都很高興，太太還補了一句，「安呢你叫鄭性澤不要再回向了，以免生第三個，我們養不起！」

來到台中，除了認識鄭性澤，另外就是「魚麗人文主題書店•魚麗共同廚房」的執行長蘇紋雯。她是我在德國期間噗浪上的噗友，經常看到她寫關於食物的文章，加上也是出身嘉義，因此漸漸就熟悉起來。

魚麗除了經營餐廳跟書店，更參與了家暴婦女、受虐兒的救援工作，「非預期懷孕、性暴力、家庭暴力的受暴婦女和受虐兒」，是魚麗主要的社會工作議題。

許多在魚麗工作的夥伴，同樣有社工的背景，一旦援助個案需要律師協助時，她們就會找我。我向蘇紋雯提出一起參與救援鄭性澤的構想，她二話不說就答應了，只是不知道怎麼幫忙，幾經討論，後來便有了「鄭性澤的魚麗便當」這個計畫。計畫為時三年，風雨無阻，負責固定探視和心理支持，以飲食做為媒介，烹調素菜保溫專送，長期下來總共累積的素菜達兩百道。而當鄭性澤案裁定再審，當事人獲得釋放，更於魚麗中途安置，成為伙伴中的一份子，致力社會適應與生活重建。

「鄭性澤的魚麗便當」計畫和「鄭性澤的夜市人生」活動，善用媒介，靈活運用飲食、剪紙與文字，讓小眾議題突破核心同溫層，產生潮間帶效應，提高冤錯案能見度，擴大社會參與。

魚麗的送餐對鄭性澤心理的穩定，無疑扮演了關鍵性角色。許多愛與關懷，都透過食物傳遞。如果當事人撐不住，倒下了，救援行動終究枉然，唯有透過不斷鼓勵，讓他在絕望之中保有一絲希望，才能堅持到最後。發現鄭案是冤案的張娟芬就說，魚麗夥伴的送餐，讓鄭性澤做為一個人的圖像，他的悲傷、喟嘆，真正的顯現出來。

對鄭性澤來說，魚麗送餐不只是好吃的素食，而是一道一道希望。另外，魚麗的加入，也象徵著除了律師、司法改革團體以外，其他人也相信鄭是無辜的。

不過，這段期間法務部仍不斷執行死刑，通常都是在周五傍晚，也是我每周律見鄭性澤的時刻。猶記得騎機車往台中看守所路上，沿著大肚溪溪畔的菅芒花，迎風搖曳。這時手機每每就會震動，是林欣怡打來，說法務部剛剛又執行了死刑，要我打電話確認鄭性澤的狀況。讓我緊張到手機都要握不住。

張娟芬是羅律師所稱「用生命看卷的人」。除了發現鄭案是冤錯案，她更將整個鄭案卷宗看得滾瓜爛熟。有一次，她更發現受槍擊的蘇姓死者右手肘上還有一處槍傷，卻連當時的法醫都沒察覺。這項發現，後來成為再審的關鍵新證據。

到了二〇一四年，我們仍然一直被駁回。有一天，收到檢察總長黃世銘來函，他不僅駁回我們聲請的非常上訴，並且痛斥我們：

「台端已經聲請非常上訴二十三次，同一事由，不要一直聲請!!」

這樣的檢察總長，實在令人無言。我國的非常上訴制度，將聲請非常上訴的權力分配給檢察總長行使，換句話說，除了他，沒有人可以向最高法院聲請非常上訴。為什麼鄭性澤會聲請二十三次？不正是因為他是被冤枉的，而總長你又不幫他聲請！後來才知道，為什麼他沒空聲請非常上訴？因為他都在偷聽別人的電話！

帶著挫敗繼續前進，但由羅秉成律師所領導的台灣冤獄平反協會，近幾年內，在執行長羅士翔律師、專職律師蔡晴羽、辦公室主任黃芷嫻以及多位夥伴的努力下，陳龍綺案、陳燕飛案都開啟了再審、邁向平冤之路，仍為在黑暗牢房裡的鄭性澤帶來希望。（近來，平冤會陸續近成功的幫助林金貴案、張月英案、林進龍案、蘇炳坤案等成功開啟再審。）

到了該年四月二十九日，新任檢察總長顏大和通過國會同意權，鄭案律師團同在這一天向新任的檢察總長提起非常上訴。果然顏檢察總長也認為鄭案確有問題，向最高法院提出非常上訴。這對鄭性澤與律師團來說，無疑是莫大的好消息。無奈這次的檢察總長非常上訴，仍遭最高法院駁回。

二〇一六年三月十八日，台中高分檢陳幸敏檢察官向台中高分院聲請再審。長夜將盡，破天荒的檢察官聲請再審，啟動了這一波的鄭案平反之路。台中高分院法官決定於四月十二日提解鄭性澤開庭。

這一天，我載鄭媽媽到台中高分院。一路上，鄭媽媽說，如果等一下釋放了，要先帶鄭性澤去理頭髮、換新衣服，再回苑裡老家。

台中高分院的車子載鄭性澤離開台中看守所，這可能是第一位活著離開台中看守所的死刑犯。到了法庭，羅秉成律師、李宣毅律師及我，向法官說明原判決認定的違誤之處，檢察官囑託了台大法醫研究所鑑定，鑑定結果也認為確實不是鄭性澤開槍，而是羅武雄。開庭到最後一刻，法官一邊宣布退庭，一邊著手整理卷宗，毫無要放人的意思，彷彿這是一件尋常的案件。檢察官和律師也只好跟著收拾。但，這是一件尋常的案件嗎？不是的，鄭性澤已經在台中看守所被白關了五千多天，隨時還可能被處決。就在這當下，一早帶著小女兒，從花蓮搭火車繞過半個台灣來旁聽的阿澤高中同學，忽然喊了一聲：「阿澤加油!!」劃破了法庭的沉悶，隨即林欣怡和許多關心的民眾也一起跟著喊著：「阿澤加油!!」加油聲讓我們知道，這不是一件尋常的案件，尋常的案件不會有人在後面喊加油。

載著鄭媽媽回家，看得出來她非常難過，卻不知道該怎麼安慰她。到了苑裡，眼前的美麗稻田，以及阿澤那輛十四年沒有主人的貨車，也不知道長夜何時盡，黎明何時來呢？

五月二日中午，我接到鄭性澤寄來的生日卡片，他在上頭畫了一個蛋糕，上面寫著：「顯智，希望明年一起買蛋糕幫你過生日！」讓我愣了許久。不料，到了晚間，台中高分院終於裁定，鄭性澤案開啟再審。阿澤終於有一個可以訴說委屈，重新檢視證據的機會！律師團內部認為，應該隔天就會再開庭，於是羅律師吩咐我隔天一早進入看守所，告知鄭性澤。

五月三日一早，來到看守所，我告訴阿澤，可能下午就會提解出去開羈押庭，決定要不要續羈或交保。鄭性澤聽完，非常嚴肅的說，「如果法官要交保，我是不願意交保喔！」

「為什麼？你已經在這裡白關了五千二百三十一天，保證金，羅律師會想辦法，我們今天一定要救你出來！」

「我無罪，為什麼要交保？如果要交保，你跟法官說，還是再載我回來!!」

我承諾轉達他的心願給律師團。

但對即將到來的自由，我們還是又期待又興奮，臨走時，他靦腆的問我：

「德文的自由怎麼說？」

「Freiheit.」

只見他很高興的一遍一遍念著：

「Freiheit Freiheit Freiheit…」

彷佛真的就這樣自由了。

「告訴我媽媽，我今年會回家陪她過母親節！」

我當下回答說好，一轉身眼淚差點掉了下來。

果然，當天下午台中高分院再度提解鄭性澤開庭。

台中資深律師，曾任台中地院法官，始終非常熱血的林志忠律師來了電話，說：

「顯智，我知道你們沒有錢，我已經領了一百多萬現金，放在我事務所，如果等一下法官說交保，趕快請人來拿！」

社會上總是有許多無比溫暖的人。

到了法官諭知，被告及辯護人對羈押的原因跟必要性表示意見的時刻。羅律師向法官表示，並無羈押的原因和必要，因為被告是冤枉的，根本不可能會逃亡，也沒有串證或湮滅證據的問題。我則告訴法官，如果法院裁定交保，當事人會拒絕，因為他認為兇手根本不是他，何來交保？法官諭令休庭十分鐘評議。這十分鐘，無比漫長。

最後，法官宣布，無保，限制出境、出海。鄭性澤終於結束了五千二百三十一天的漫漫長夜，於二〇一六年的五月三日，重獲自由。許多律師團成員、在場旁聽的民眾都哭了。

歷經十四年，鄭性澤活著走出台中看守所，終於可以回家陪媽媽過母親節。

哀愁的彼條橋

后豐大橋案

最近律見王淇政，發現這個年輕的大帥哥，經過多年苦牢生活，不知什麼時候頭髮居然越來越少，人也變老了。

六年前，生平第一次來到后里，為了后豐大橋案。當時監察院針對該案，做了厚達好幾百頁的調查報告，直指是一件冤錯案，並要求最高檢察署提起非常上訴、法務部研議責成所屬檢察署再審。隨後，王淇政的家屬找上羅秉成律師，希望可以幫忙平反冤獄，於是羅律師請我幫忙就近律見人在台中監獄的王淇政。

第一眼看到的王淇政就是一個帥哥，一開始他靦腆的表示感謝律師團幫忙，接著說：

「律師，非常歹勢，我國語講很不好，我只會共台語。」

「麥安呢共，我跟你同款，咱共台語！」

根據王淇政的說法，案發的二〇〇二年十二月七日凌晨一點多，他的陳姓女友打電話給他，要他在十分鐘內趕到后豐大橋，否則就要跳河自殺，因為她正氣不過王淇政答應她晚上不外出，卻又與朋友在后里夜市聚餐。王淇政接到電話後，礙於自己喝了一點酒，便拜託一旁的洪世緯開車，趕往后豐大橋。路上，王還交代洪世緯繞到陳姓女友住家前，看看她的車還在不在？發現車子確實不在後，兩人直奔后豐大橋。

后豐大橋上，陳姓女友的車子停靠在橋上，她正坐在駕駛座裡。王淇政下車蹲在駕駛座旁加以安撫，這時洪世緯說：「你媽媽這輛車子輪胎好像沒氣，我去加油站灌風再回來」，然後開車走了。王淇政似乎已經安撫了女友的情緒，女友從駕駛座坐到副駕駛座，但王淇政打算坐進汽車的同時，忽然女友打開車門，跨上橋面的護欄，沒一秒就跌落橋下。

王淇政被眼前這突如其來的一幕嚇傻了，趕緊奔跑到橋頭，一邊呼救，一邊準備打電話報警。正好洪世緯駕車回來，於是他將手機交給洪，囑託他叫救護車，自己則跟著跳下河去，將陳姓女友從河床上抱到路面。救護車在案發後約十多分鐘趕到，緊急將傷者送往署立豐原醫院急救，王淇政一路陪同，甚至因情緒過於激動，到了醫院被以束帶拘束在急診室外。但，陳姓女友最後仍傷重不治死亡。

案發後，警方尋找在場目擊證人，有一位王姓證人自薦，表示案發當時凌晨一點多，他正在橋下的大甲溪河床上煮米糠，以備誘捕蝦。他看到一個黑影掉了下來，但他沒看見為何掉了下來。

而洪世緯向警方表示，他有不在場證明，案發當時他在加油站打氣，只要調閱加油站監視器即可釐清。

檢方將王、洪兩人送刑事局和調查局測謊，沒有不實反應，王淇政也從未有任何前科，更毫無殺人的動機，而以案發後的反應來看，殺了人，自己報警，等警察來抓，還跳下河床，跟著救護車到急診室，不是很詭異嗎？而洪世緯只是王的普通朋友，幫忙殺其女友？更是匪夷所思，何況案發第一時間，他有不在場證明，還說可以調加油站的監視器，如果不是確有其事，豈不是太笨了，調監視器可是一翻兩瞪眼，有就有，沒有就沒有！

因此，檢方很快的以不起訴處分。

然而，就在這時候，該名橋下的王姓證人卻向檢方表示，先前他因為欠王淇政的爸爸人情，所以沒把真相講出來，其實他看到兩男一女在橋面上追逐，王淇政自陳姓女友後方腋下架住，洪世緯則抓住其雙腳，並夾在自己右腋，就這樣兩人將人抬過護欄，他還聽到王對陳說，「如果你要分手，我就讓你死；要繼續在一起，我就放你下來！」之後聽到陳喊救命，只見王洪兩人合力將陳抬到護欄外側，王淇政先放手，陳的身體成了鐘擺的樣態，接著洪世緯再放手，陳便掉落橋下。

值得注意的是，這是案發將近兩年後的證詞，因為這位證人的指述，后豐案被台中高分檢發回續偵，並且發回後起訴，最後一審判處王、洪兩人共同殺人，分別處以十五年、十二年半的有期徒刑，二審僅開一次庭就駁回他們的上訴，最高法院再度駁回，兩人遭判決定讞入監服刑。整個判決最關鍵的，就是橋下這位證人的證詞。

然而，監察院調查報告指出，案發時，這位證人所在的位置，距離橋上的案發地點至少五十公尺，看得見、聽得到嗎？經派員實地調查，結果是根本聽不到，也看不見，遑論在橋下，以人的視角如何看得到橋面上兩男一女的追逐？而案發近兩年，才更易本來的證詞，更令人起疑，為什麼和當時說的不一樣？後來說的真的是真相嗎？證人說，兩人合力將被害人抬過護欄外側，然而依現場照片來看，死者胯下明顯沾有灰白色土粉，顯示死者生前曾經跨坐在護欄上，按照證人說法的話，應該是臀部沾有土粉才對啊。

律師團為了聲請再審，請教了幾位法醫，其中石台平法醫就表示，依照法醫學實務，要將「活人」甩出女兒牆是不可能的事。換言之，兩人合力將死者「抬出」護欄外，因為人是活的，會掙扎，一人抬頭一人抬腳，重心會往下，石法醫因此認為該證人所描述之情節，實屬天方夜譚。

另外，石法醫很細心的注意到，此類高處墜落案件，依照法醫學文獻，意外的高墜事件水平位移（從高處墜落點到地面墜落點間的水平距離）平均為零點三公尺，自殺平均為一點二公尺（因有躍出的動作），本件水平位移為兩公尺，可見應該有躍出的動作。如果依據證人的證詞，是兩人合力抬出護欄外，王先放手，陳女身體成鐘擺後，洪再放手，則本件水平位移不可能達兩公尺。

第一次到案發地點時，王淇政的姐姐帶我到大甲溪的河床上，王姓證人所站的位置。我回頭看橋面，遠處洪世緯的媽媽和太太變成一個小人，向我招著手。

洪世緯是家中獨子，父親早逝，從小與媽媽相依為命。原本以為案發時根本不在場，絕不會有事。沒想到二審判後，最高法院擱置了三年，居然將此案駁回定讞。

洪世緯接到台中地檢署執行科傳票，入監執行的前三天，小兒子出生了。洪太太一個人帶著兩個小孩，還要照顧年邁的婆婆，如何生活下去呢？親友於是湊錢，幫洪太太弄個貨櫃屋當檳榔攤，賣檳榔、飲料兼帶小孩，但后里是個小地方，生意當然不會太好。

有一天，洪太太打電話給我，說婆婆病危，隨時可能會走，正在台中榮總，可否幫忙辦理受刑人的返家探視？

我趕緊騎機車到台中監獄。

辦理該項業務的大姐說：

「這要到派出所去，需要保人，所以請他家人來辦。」

「沒時間了，他家沒人，我願意幫他擔保！」

大姐一臉「我吃過的鹽比你吃過的米還多」的表情說：

「你是律師，不要幫他保，否則他跑了，你要負責！」

我趕緊火速趕到台中監獄鄰近的某派出所，在保證人欄位填上自己的名字。

其實我很想跟那位大姐說：

「洪世緯是冤枉的，我還滿希望他跑掉的啊！」

回到台中監獄，一再向獄方拜託，一定要讓他盡快出去探視，他的媽媽隨時都會走!!

果然，幾個小時後，洪世緯在獄方人員的戒護下，來到台中榮總看洪媽媽最後一面。洪太太打電話給我告知這訊息。我人還在台中，掛完電話，猶豫著到底要不要過去？最後我還是沒過去。不，應該是，不敢過去。怕看到那一幕令人心碎的畫面。

過了幾天，洪媽媽過世了。

我又來到台中監獄，幫洪世緯辦理返家奔喪。然後，跟著平冤會執行長羅士翔律師，一起參加了洪媽媽的告別式。

告別式上，看到洪太太帶著兩個小孩，忙著進行各種傳統儀式。未來，少了洪媽媽。未來，只剩下他們母子三人了。

洪世緯沒能參加媽媽的告別式，因為按照規定，基於戒護需要，獄方提前讓他返家奔喪了。

想起在台中監獄律見洪世緯時，發現他的手掌非常大。他總是一再的說，真的不知道為什麼，他根本不在現場，為什麼法官不願意相信。有時他非常生氣。

「律師，我的小孩，我的媽媽、太太，真的很需要我啊!!為什麼要這樣冤枉我！我有什麼動機要殺被害人？」

而監察院調查報告，洋洋灑灑，明明也指出原判決冤枉了洪世緯。

每當律見王淇政，除了自己的冤枉，更讓他過意不去的，就是有妻有子的洪世緯受他所累，被冤判入獄。王淇政總是跟我說，能不能想辦法救救洪世緯，讓他可以趕快回家。

洪媽媽過世後，監區主管向王淇政表示：

「你同案的媽媽過世了，他說怕你自責，所以叫我們不要告訴你，但我們擔心他情緒不穩，你要不要去跟他說幾句話？」

王淇政聽完嚎啕大哭。洪世緯在這節骨眼，竟還在替自己著想。想到洪家因為這冤獄所遭受的慘況，他夜不成眠。

羅秉成律師所領導的后豐大橋案律師團，蔡晴羽、羅士翔、王龍寬、劉繼蔚、李宣毅、林威、蕭立俊等多位律師，數年來做了非常多努力，而後來擔任大法官的黃虹霞律師，則是在后豐案受監院調查時，就已經開始為了洪世緯的清白持續的奮鬥。

歷經兩任檢察總長非常上訴，多次再審前開庭（在我國實務上相當罕見），后豐案的再審，經最高法院兩度撤銷原裁定，發回更裁，又遭台中高分院駁回，目前於最高法院審理中。

判決有罪，先決必須達無可懷疑的標準，兩次檢察總長非常上訴、監察院數百頁的調查報告都認為是冤錯案、最高法院數度發回更裁，不就顯示本案是一個有「疑」的案件？無可懷疑，早已徹底的被動搖了。

多年來，始終堅信弟弟清白的王大姐，始終沒有放棄。她在后豐案定讞後，跑到苗栗向當時的監察委員馬以工攔「轎」喊冤，因此促成數百頁的監察院調查報告。律師團會議，她準備飲料、便當，三不五時就去探監，從沒聽她說過任何抱怨。

許多志工、學生不斷鼓勵獄中的兩人，法律系的課堂上，也有越來越多人研究、討論后豐案……

希望天上的洪媽媽，一切安好，保佑后豐案早日開啟再審，並獲得平反。

在后里的檳榔貨櫃屋前，洪世緯的太太、孩子，還在等他回家啊。

深山裡的哭聲

蕭明岳案

如果人間有地獄，就是深陷囹圄而確信自己無辜！

——電影《以父之名》

知道蕭明岳案，已是判決定讞後。

鄭性澤告訴我，他覺得蕭案應該是冤案，雖然已經判決確定，但希望我可以去探視，見他一面。我心想，連死刑冤錯案的當事人鄭性澤都說，蕭有冤枉，看起來是非去不可了。

隔著看守所玻璃，拿起話筒，我面對的是一個不斷拍打玻璃、不斷哭著的年輕人。

「我是冤枉的！我是冤枉的！一定要救我！」

蕭明岳案是一件令人心痛的案件。

蕭明岳家住台中潭子，他是一個房仲，也是兩個女兒的年輕爸爸，與父母、妻子一家和樂融融住在一起。有一天，警察找上門，說他涉入一起販毒案，蕭完全莫名其妙，但警察要求到警局做筆錄，一頭霧水下卻還是轉頭對爸爸說：

「我去去就回，未做虧心事，不會怎樣的。」

不料，一去不回。

原來是郭姓友人及其他同夥四人被控共同販毒，五個人在一審地方法院被判無期徒刑等重刑後，開始尋求「供出上手」的對象，以期獲得減刑的機會。因為依據毒品危害條例第十七條的規定，供出上手可以獲得減刑，也就是說，假設我被查獲販賣毒品，只要我告訴警察，毒品的來源從何而來，依照本條的規定，就可以獲得減刑。

這則條文的立法意旨在於，毒品販賣危害社會甚巨，而販賣毒品又很難查獲，所以特別設立條文，鼓勵被抓的小販向警方供出上游，以便抓到隱藏背後的毒梟，從根遏止毒品的販賣跟氾濫。不過，立意雖然良善，卻也提供一個相當強大的誘因——為了可以減刑，當毒販被抓到，極有可能胡亂指述、胡亂攀誣清白無辜之人，任意嫁禍他人。

蕭的郭姓友人及其同夥，便是在被判重刑後，為求減刑，想出供出上手這一招。最後選上他們的友人蕭明岳這個倒楣鬼。趁坐囚車出來開庭時，五人商量決定，向法官說「蕭明岳是他們的上手」。

蕭自認絕無涉案，也相信台灣司法會還他清白，即便到了被羈押的地步，仍告訴爸爸：

「不用請律師，很快就可以回家！」

萬萬沒想到檢方卻是依這些漏洞百出、牛頭不對馬嘴的「共同被告自白」起訴。蕭完全不敢置信，地院第一次開庭，甚至因此跟法官發生嚴重口角，直斥司法離譜，荒謬至極；法官則認為其態度惡劣。最後一審就根據這些供出上手的「證詞」，判處蕭明岳無期徒刑。

上訴二審，蕭明岳仍大聲喊冤，而本來稱其為「上手」的五個人，在另案程序中，果然受到程度不等的減刑，然或許有些良心不安，因為沒想到蕭居然被判到無期，因此五人中有三人向法官坦承誣陷蕭明岳，做出偽證。

實情是五人在一審被判重刑後，於看守所到法院的囚車上，串通出蕭為上手的劇情，目的是為拚減刑，畢竟二審沒「拚」到減刑，可能就要關一輩子了。

沒想到蕭因此被判了無期徒刑。

然而，即便五人裡有三人自白做偽證，二審法院還是維持原判。上訴三審更糟！最高法院駁回，無期徒刑定讞。

不久，蕭便被法務部移監到台東泰源技訓所。

蕭的大女兒、二女兒，在他入獄時分別才四歲、二歲，與我的兩個女兒相仿。迄今，家人不敢讓兩姐妹知道爸爸發生什麼事，只騙她們，爸爸去國外工作。

常常在睡前念故事給我兩個女兒聽時，彷彿又聽到蕭明岳對我說，「律師，我是冤枉的！女兒還那麼小，我不能這樣被冤枉啊！」

為了讓蕭明岳可以平反，我們向地檢署提出，對五人偽證罪的告發。因為只要能夠證明他們做出偽證，蕭案應該就可以再審。然而，即便五人中已有三人自白確實是攀誣，蕭根本未曾涉案，也指出許多胡亂指述與案情不相符的部分，但地檢署仍以「案重初供」為由，做出不起訴處分。蕭提出的再審也被駁回。只能繼續不斷主張，等待黎明到來的一天。

暑假期間，我與太太輪流開車，載著小孩，繞了半個台灣，晚上來到台東東河，隔天一早沿馬武窟溪而上，到泰源看蕭明岳。

我們當然沒有什麼好消息可以告訴他。只能跟他說，外面有一團人在救他，司改會中部辦公室組成一個義務律師團，主任黃暐庭最近會來看他。

至於，會不會成功幫他平反？

不知。

要救多久？

不敢想。

因為我國每年可以裁定再審，重新開啟審判程序的案件，不到十件。反觀德國，法院每年認為有判錯，裁定開啟再審的案件，高達近一千兩百件。

我國司法裁定再審案件少到可怕，難道是我國司法的正確性，遠比德國法院高出甚多嗎？

我們來到泰源，午後三點的陽光下，這所位在深山，戒嚴時期血跡斑斑的監獄，安靜得嚇人。

蕭明岳被法警帶出來，才說沒兩句，哭聲劃破了這片寧靜。

每次會面，他大半時間都在哭泣，邊哭邊說：

「莉絲，歹勢，我忍不住。我媽媽跟太太來看我，我都不敢哭！」

然後，他緊緊抱住我，眼淚沾濕了我的上衣。

「為什麼我什麼都沒做，卻被關在這裡？」

這是一個令人無言的提問。

二十七歲，一個從未有前科，家庭幸福，非常認真工作的房仲，僅因為真正的犯罪者供出「上手」以求減刑，牛頭不對馬嘴的供詞，竟成為定罪的「證據」。

而這些證人後來坦承做偽證，害一個無辜的人被判無期徒刑，法官卻將再審駁回。法官，這可是一個年輕人的一生啊！

離開泰源，一路藍天白雲，車子沿著蜿蜒的山路前進，我們準備回家。

何時，蕭明岳的女兒才能等到爸爸平安回家？

天，不會總是下雨

太陽花學運案

二〇一四年三月十八日，關廠工人案的最後一庭。

許多律師從台灣各地趕到桃園地院，將錢建榮法官的庭擠得水泄不通。旁聽席上坐著的不是旁聽民眾，而是滿滿關廠工人的義務律師，總共有五十七位。

在關廠案裁定移送到行政法庭後，勞委會原本花了兩千多萬聘請的八十位律師，紛紛解除委任。他們認為當初和勞委會標的案是打民事官司，既然法院裁定移送行政法庭，民事官司就已經打完了，行政法院的部分他們不負責。這麼一來，策動這場台灣有史以來最大規模國家告工人訴訟的勞委會職訓局法務主任，被迫自己出來面對，擔任勞委會的訴訟代理人。

這大概是躲在辦公室冷氣房裡，花國家大筆預算聘請律師的她始料未及的。反觀我方，這些工人又老又病又窮，也不懂法律，不知如何抗辯，被勞委會法務主任和聘請的律師當沙包打，萬萬沒想到最後這一天勞方律師竟高達五十七名。

每當錢建榮法官要結束庭訊，馬上就有律師舉手表示：「庭上，我從很遠的地方來，可否讓我講一下」，接著站起來痛責勞委會大半個小時。有些律師講到淚流滿面，力陳關廠工人的辛酸血淚，庭外也傳來哭泣聲。

開完庭離開桃園地院，已經傍晚六點多。我載著劉繼蔚律師打算回新竹。我笑著對他說，很棒吧？關廠案我們終於要贏了!!有沒有很高興？沒想到他說，「沒有，我覺得很難過。沒想到連最起碼的正義，都需要這麼多年的努力！」然後便聊到大埔丟鞋案，四月五日要開庭，但我們還沒有讓陳為廷簽委任狀。

「聽說今天立法院發生什麼事了，陳為廷可能會在那裡，不如去那裡找他？」

於是我們北上到濟南路，果不其然，現場聚集了一堆人，也找到陳為廷了（這些年，大概都是在這樣的場合見面），讓他簽好委任狀，我問：「你在這邊做啥？」

「沒有，我在這邊蛇來蛇去。」他答。

問他要不要一起回新竹，他回說還要留在立法院一會兒。

不料，就在我回家後，洗完澡，打開電視，竟然就看到他和一群學生衝進立法院議場!!!我趕緊叫太太出來看，並且打電話給曾威凱律師，關心稍後學生會不會被「清場」，我們可能需要到警局去陪偵！

曾威凱是位熱情的「陪偵王」，那些年，遇有學生晚上在台北被抓去警局，我因為住在新竹，遠水救不了近火，都會打電話給曾威凱請他協助，也一定囑咐他，「不一定要自己去啦，也可以找其他律師去」，但他總是二話不說，披上外套騎著機車就出發！常常忙到天亮才回家。

之前有一回，一位抱著小孩的媽媽，在馬總統來到新竹義民廟時，因為抗議奶粉漲、尿布漲，樣樣漲，養小孩非常不易，氣憤的脫下她的軟膠鞋，朝馬丟了過去。

事實上並沒有丟到，但立刻被特勤人員逮捕、移送警局。這位媽媽透過司改會聯繫曾威凱為她辯護，曾律師一口答應，這位媽媽問他：

「那請問律師費用怎麼算？」

「當你丟出鞋子的時候，你就已經付了我的律師費!!」曾威凱毫不遲疑的說。

一方面也顯示了力挺這位媽媽的決心，讓她深受感動。

因此，我知道曾威凱會願意為學生挺身而出。

和曾威凱討論後，決定清晨去警局陪偵，因為根據過去的經驗，學生應該是會被「清」出來，帶到警局。不料，一早四點半從新竹出發，首站來到中正一分局，卻發現四下無人。趕緊再打電話給曾威凱，他說，「這次情況有點詭異，學生還在議場，警察被後面趕來的民眾團團圍住。」

這次，真的不一樣了。

由於國民黨張慶忠委員，三十秒內通過將服貿協議備查，並宣稱服貿審查已經完備，引爆了這場名為「太陽花運動」的學運。雖稱學運，但其實來的不只學生，已經涵蓋了各行各業，到了這天凌晨，濟南路、青島東路、中山南路，已經擠爆了上萬人。

來到立法院周邊，看到賴中強律師在濟南路的群賢樓前演講。他告訴我說，這裡有個出口，必須在這邊演講，吸引群眾堵住這裡，讓警察無法將議場裡的學生清場出來。

然後也遇到了毛振飛。

「顯智，我們做工運做了這輩子，從來沒想到這招，真的不得不佩服這些年輕人！」

的確，光是想到這麼「敢想」，就是件不得了的事情。之後進入議場，看到許多這幾年在苗栗大埔案、苑裡反瘋車、華隆關廠案為弱勢者奮鬥的學生，他們已經整晚沒睡。

我跟陳為廷說，「該不會昨晚簽的委任狀，現在就要派上用場了。」

他一臉苦笑。

學生這一擊石破天驚，國際媒體也高度關注，當然也令馬政府顏面無光。議場內沒有空調，空氣非常糟，氣氛也相當緊張，學生和警察就這樣門裡門外對峙著。

有趣的是，濟南路、青島東路、中山南路上，怕學生被警察清場的群眾越聚越多，又團團包圍了警察，形成了學生佔領的議場在最內圈，警察包圍了學生，群眾在最外圈又包圍了警察的畫面。

為了保護、支持學生，全台灣各地物資源源不絕送到立法院，而許多律師也在同時接到顧律師的訊息，要大家中午到司改會開會，討論法律層面的支援。

在顧律師的號召下，我們很快組成了太陽花學運律師團，有四百多位律師加入，堪稱有史以來最大的一團。隨後律師們便輪流排班，日夜不休進議場留守，保護學生安全。

當時的司改會執行長林峰正律師對我說，他真的非常感動，二〇〇八年陳雲林來台爆發警察打群眾事件，司改會號召組成律師團，只有十多位律師願意參與，沒想到此次太陽花學運，竟會有四百多位律師加入。

「時代的氛圍不一樣了。」他說。

為何時代氛圍不一樣了？其實，早有脈絡可循。

二〇一一年，剛從德國回台灣當執業律師，一開始參與的「社會運動」，也只是些冤錯案救援，不知從什麼時候起，漸漸的發現有些學生會被警察拖行、毆打，甚至被辦成集遊法案件、妨害公務案件，於是原本都在看守所或監獄會面當事人，竟演變成在大學裡也會有當事人的局面。

看著年輕世代奮不顧身，為社會上的弱勢站出來，身為律師似乎也沒有理由不支持他們。

記得第一個大學生當事人是孫致宇。她是清大的學生，為華隆工人向當時的行政院長江宜樺丟拖鞋，因此被警察逮捕。我們約在清華大學見面，來到我眼前的是一個非常瘦小的女生，帶著那個紅白拖「兇器」，實在荒謬無比。掌握國家權力的人，對這些流離失所的關廠工人不屑一顧，偏偏是這樣瘦小的年輕學生，願意為那些媽媽們挺身而出，卻反而得面臨國家的追訴、處罰。就為了這樣的行徑、這雙紅白拖，我決定為她辯護。

其實早在太陽花學運前幾個月，陳為廷帶著一群華隆工人案的媽媽們來到新竹找我，我們數次約在我家對面的人文年代咖啡廳，每一次我都告訴她們「可能真的沒辦法」，然而陳為廷和這群年輕學生、這群媽媽們，總是一再的問：「真的沒有其他辦法嗎？」讓我既心疼又感動。最後，我們成功的從銀行團手中，贏回關廠媽媽的資遣費、退休金。

我想到日本作家川本三郎寫的《我愛過的那個時代》這本書。書裡描述著，在特徵是下雨的六〇年代，他一個剛脫離學生身分的記者，在採訪日本學生運動的時候，看到警察打學生，彷彿自己也被這樣對待一樣，充滿理解並且同情。川本三郎說「這個時代的特徵，總是在下雨」，加入太陽花學運律師團的四百多位律師，也只希望在這樣一點都不溫柔、下雨的年代，能夠盡一己之力幫這些年輕人撐傘。

但，三二三晚上，我們擔心的事還是成真了。

當晚，學生靜坐在行政院四周，警方卻要強制驅離，鎮暴車、水砲車，全部出動。那天的忠孝東路上，我親眼目睹這輩子最感恐怖的國家暴力。

警察拿著盾牌、鋼製的警棍，在向群眾跟學生打招呼之前，還下令趕走記者、清場，只聽見學生高喊：「記者留下!!記者留下!!」但記者們還是被清走了，之後警棍如雨下，群眾被打得全身是血，有一些律師的律師袍上濺滿學生的血跡。這樣的情景，很難想像居然發生在民主化的台灣。

天亮時回到家。太太守著電視一整夜沒睡，我們對坐無語。這一晚我在現場經歷的恐怖，她也都在電視上看到了。

三二三後，檢方隨即上演了聲押魏揚的戲碼。

魏揚是清大社會所的學生，參與三二三的行動是不爭的事實，可是，刑事訴訟法規定，羈押要有羈押的原因，根據刑事訴訟法第一〇一條只有三款，第

一、逃亡或逃亡之虞，第二、湮滅證據或勾串共犯或證人，第三、所犯為死刑、無期徒刑、五年以上有期徒刑之罪。而第三款即所謂的重罪羈押，根據大法官第六六五號解釋，還必須要有第一款、第二款的事由。魏揚作為一個學生，一個運動的參與者，他會逃亡？或者勾串共犯或證人嗎？何況，學生所犯的又不是死刑、無期徒刑、五年以上有期徒刑的重罪。除了羈押原因，還要有羈押的必要性，如果有羈押原因，無羈押的必要，就必須選擇比較輕微的手段，例如交保、責付、限制住居等等。本案完全看不出來有什麼的原因及羈押的必要，但台北地檢署卻大張旗鼓聲請羈押，後來果然遭到院方駁回。由此可以想像學生所負的壓力有多沉重。

幾天後，我陪同被警察以警棍擊傷頭部的林明慧老師開庭。

林明慧老師是台中一所國中的理化老師，雲林西螺人，西螺國中第一名畢業考上建中，後來畢業於師大。太陽花期間深受學生感動，三二三晚上看到行政院前的警察越來越多，林老師心想人多一點，學生可能就比較不會有危險，就這樣十一點從台中烏日搭高鐵北上，十二點與許多年輕世代的朋友一起在行政院前拉手並肩，才不到一小時，一個警察過來，對著手無寸鐵的他，拿起鋼製警棍直接往頭部揮下，事後緊急被送往台大醫院急救。當時林太太懷有身孕，幸好林老師命大，否則孩子恐怕沒了爸爸。

開完庭，載林老師去搭車的路上，他說，縱使遭受警察毆打，血沾濕了三件上衣，差點失去生命，但他從不後悔那一夜北上，因為從這些年輕世代的眼神中，他看到台灣未來的希望。

這件案子上，追究國家的責任非常重要，這樣才能避免未來世代承受同樣的國家暴力。所以，那陣子真是特別疲憊而難熬，一有人被抓去地檢署，不管白天深夜，立刻就會有一群律師主動啟動辯護模式。回想起來，重眠的我都有點受不了，常常在恍神，但其中總會有一個長髮的美麗身影，而多次在家已經準備睡覺了，卻看到群組裡，她又已經到了現場。

她是陳孟秀，始終神采奕奕，纖細的身體充滿巨大的能量，讓我非常欽佩。

有一天接到訊息，中正一分局有民眾被逮捕，需要律師陪偵，我趕緊趕過去。看到陳孟秀律師也在那裡。

「我負責陪偵一個民眾，隔壁有一個外國人，跟他講英文講不通，你可以用德文試試。」

我順著孟秀的指示進去，看到一個腳沒穿鞋子、灰熊狼狽的阿度啊。講了幾句，發現德文也無法溝通，便只好比手畫腳，搞了老半天才明白，原來是他氣不過警察用水砲車噴學生，於是拿鞋子丟水砲車司機，雖然根本不可能丟到，但還是被警察逮捕。最後終於也知道他是從尼泊爾來的。連外國人都看不過去警察對待學生的粗暴！

三二三事件之後，NGO跟學生團體迅速集結，大家醞釀著一場大遊行，以抗議執政者濫用國家權力，對付手無寸鐵的學生跟民眾。來自全台各地為了保護議場內的學生，不讓警察清場的民眾更是越聚越多，每天在立法院周圍保守統計都有五、六萬人。

也有許多人紛紛進入議場，鼓勵學生。其中最令我感動的，應該是Peter黃文雄。

Peter因為一九七〇年四月二十四日刺殺赴美的蔣經國，因此長期流亡。當時他三十三歲，拿了獎學金從新竹到美國康乃爾大學讀博士班，前程似錦，又是個相當瀟灑的大帥哥。以他的聰明才智，當然知道刺殺蔣經國的代價，可能會毀了他的人生，同時讓在台灣的家人備受壓力。但，他還是開了那一槍。子彈飛過蔣經國頭頂，Peter被美方人員壓制在地，他喊著：「Let me stand up like a Taiwanese！」

受訪時，他說：「我只是想要重新打開政治的可能性。只是希望能夠打亂當時蔣家接班計劃，重新挑起國民黨內的權力鬥爭，藉此鬆動當時的高壓統治，為台灣的政治社會發展打開讓人民喘息的空隙。」

這一槍，開啟了台灣新的可能，Peter 卻因此被列入海外黑名單，二十六年有家歸不得。這是一種精神的凌遲，有家，歸不得，連父母的最後一面都不得見。而那個時代，不願意屈從蔣家政權，連署、簽名、示威、遊行、發傳單、辦報紙批判當局等，這些憲法所保障的權利也同樣受到限制。

回到台灣後，Peter 擔任台權會長多年，致力人權運動。看到 Peter 走入議場，真有種做夢的感覺。由於當時我擔任台權會長，我幫他向學生介紹。

「真的很感謝你們，佔領立法院的行動，讓 Peter 這樣的人權鬥士，今天可以站在這裡！」

Peter 接著在議場對著學生演講，他分享了一部塞爾維亞青年對抗獨裁者米洛基維奇（S. Milošević）的影片。站在一旁看著神采奕奕的他，我不由得紅了眼眶。當初，在獨裁者跟人民之間，Peter 原可以有更好的選擇，但他始終站在獨裁者的對立面，即使付出代價也不足惜。

堅持做一個站得挺直的台灣人。

「Let me stand up like a Taiwanese！」

Peter 以他的人生，親自做了最好的示範！

還有，學運期間，一晚在青島東路忽然有人喚我，原來是秀春姐，讓我很驚訝。

「這麼晚了，你怎麼還在這？」

「我每天都來看陳為廷跟這群學生，好擔心警察抓他們。」

「秀春姐，趕緊回去休息吧！台北到苗栗滿遠的呢。」

黑夜的台北街頭，看著她離去的背影，實在百感交集。幾年來，這些學生陪伴著她，如今，她也不願讓這群學生孤單。

反服貿運動暴露了台灣代議制度出了很大的問題，以至於太陽花佔領立法院的行動，獲得了高達七成以上民意的支持。張慶忠三十秒內通過服貿協議，完全沒有經過實質的審查。因此，第一個飽受批評的便是黑箱國會的問題。沒有實質審查、實質討論，徑自在檯面下進行權力交換與利益分贓，導致國家的主人根本無法進行有效的監督。

為何我國國會無法透明？其實是我國國會獨步全球的黨團協商制度造成的。依據立法院職權行使法，在一般國會一讀、二讀、三讀的規定外，一讀會後有所謂的黨團協商制度。換句話說，委員會通過的法案，經過黨團協商可能會有一百八十度翻轉，而且協商後的法案，還有拘束力。這也造成我國議會辯論徹底空洞化。除了公開透明的問題之外，另一個重點在於代議民主與實際民意出現嚴重落差，而公民投票法純屬一部「鳥籠公投」，根本是無法實行公民投票的法律，已經無法符應現代民主的需求。

三三〇的凱道集會遊行，出乎意料的，居然有高達五十萬民眾來自全台各地的參與。當天要上台發表意見的NGO非常多，時間緊迫，所以我們決定在律師袍內穿上關廠工人案時的「幹」T，以宣示對馬政府濫用國家暴力的嚴正抗議。丁穩勝律師發表的「譴責國家暴力，人民抵抗無罪」的演講，完全表達了在場律師跟參與者的感受。我與丁穩勝結識於華隆關廠工人案，親眼看到他為這些關廠工人，與官員拍桌大吵，毫無懼色。他從大學時代就積極參與勞工運動，幫助弱勢團體，難能可貴的是從不喊累，也不抱怨，總是默默的付出，令我相當欽佩。

二十四天的佔領立法院行動後，學生退出議場，但是這場運動讓「自己的國家自己救」、「當獨裁成為事實，革命就是義務」等口號響徹雲霄，追求深化民主的腳步才正要開始。

之後緊接上場的，便是司法追訴。到底學生佔領立法院的行動，構不構成刑法上的犯罪？

我與劉繼蔚、李宣毅擔任陳為廷的辯護律師，他被認為是首謀。但是，立法院對侵入住宅罪以及毀損罪，並未提出告訴。檢察官偵辦的重點，在於是否構成刑法第一五三條的煽惑罪。

那天，台北地檢署檢察官訊問完陳為廷，已經傍晚了，我們正要轉身離開。沒想到這時檢察官忽然又說，被告陳為廷還另外涉犯兩個案件，也要一起偵辦。一件是與華隆關廠工人在凱道前抗議的集遊法案件，另一件是三一八前，在立法院抗議服貿，涉嫌妨害公務。

我們深感錯愕。最後集遊法的部分不起訴，但妨害公務的部分被起訴，一審判有罪，到了二審，改判無罪定讞。

太陽花學運的部分，陳為廷與黃國昌、林飛帆、魏揚等被認為是首謀分子，依刑法第一五三條煽惑罪起訴。林飛帆以及幾位學生，還被告妨害公務罪。

律師們一直覺得，說這些被告煽惑其他人進入議場，實在侮辱了這些參與運動的人。羅秉成律師為林飛帆辯護時就說，他自己本人於太陽花學運期間，也進入議場聲援，但不是因為受到學生煽惑，完全是出於自己的意志。他更強調，太陽花學運的起訴，是檢方送給法院的一份民主大禮。

另外，律師團也主張，太陽花運動是公民不服從的行使，根本不應該構成犯罪。

陳為廷在一審最後的辯論時說，「請法官做出為下一個世代做準備的判決！」我跟陳為廷說，跟他打了這麼多案件，聽他這一次講得最好。

丟鞋案的時候，法官最後提示「兇器」，問陳對鞋子有何意見？其實法官是要問，對鞋子作為證據，有何意見？是不是具有證據能力，也就是能否作為證據的資格，或者可以作為證據，但不能證明被告有起訴書所載的犯罪事實。結果，陳為廷回答，「希望鞋子可以還我！」在場律師都笑了。

相隔數年，許是累積了豐富的實務經驗，居然說得這麼好。

是啊，應該做出為下一個世代做準備的判決！台灣的民主走了這麼長的崎嶇路，也該是由法院做下註腳的時刻了。

最後一審，法院判處所有被告無罪，也認為這個運動是年輕人勇敢站出來、是公民不服從的行動。

步出法庭，律師團跟所有被告在台北地院前拍了一張大合照。這天，是陽光燦爛的日子。

暗夜行路的 Traveler　遊覽車司機案

「一個遊覽車司機，大概連續開個六小時就會非常累。」他說。

和當事人約晚上討論一下案件。他是位老司機，六十多歲，希望向遊覽車公司請求遭剋扣的退休提撥金。一見面，他分析了日前造成三十三人死亡的遊覽車事故的可能狀況。

「這輛車是要開到武陵農場的話，」他尋思一下繼續說，「如果早上六點半從台北出發的話，宜蘭下車買個東西，停一下，到南山村大約十點，到武陵農場已經中午。之後，休息個兩三小時，又要開著山路回來，到家已經晚上了。

據我的經驗，開六小時就已經非常累了！」

「可是他們說，客人去玩的時候，你們可以休息？」我問。

「沒辦法休息，一下子有人要來拿皮包，一下子另一個人敲門說忘記帶手機，再來一個說要來拿衣服，時間就過了！我只能說，真的疲憊不堪！」

他說，在他的職業大客車生涯，這樣魔鬼的工時比比皆是。有一回，公司接了一個CASE，要他周日載客人去花蓮，客人是一群親友，分住新竹、苗栗，而他們的親戚在花蓮中信飯店宴客。於是早上五點起床，五點半從新竹出發，先到頭份載客人，之後到峨眉、北埔，然後回到關東橋，接完所有客人，上交流道。到了花蓮已經下午，客人說，要先去鯉魚潭玩玩，傍晚才到該飯店。一直到宴會完畢，打道回府。這時他已經疲憊不堪，可是他知道必須撐下去，不然出了事，公司是不會負責。而他還有三個小孩嗷嗷待哺，等著爸爸回家。於是，從花蓮開回新竹，依序把客人送回關東橋、北埔、峨眉，最後一站頭份已經凌晨兩點。回到家，終於在三點就寢。但是他睡不著，因為隔天是周一，又要開始開著這輛遊覽車，在竹科跟南科之間往返奔波。

另有一次CASE，是一群學生要去秀姑巒溪泛舟，學生希望省住宿費，公司便答應晚上十點從新竹出發。就這樣，在眾人皆睡司機獨醒的情況下，長途夜車艱辛的來到瑞穗。

但漫長的職業大客車生涯，縱使飽受這麼多疲累，歷經無數驚險，他還是平安養大了小孩，總算等到即將退休的一刻了。

「你知道嗎？能夠平安退休，真的很幸運很幸運！」他說。

但，他帶來的勞資爭議調解單上面寫著：

勞方：請求返還百分之六勞退金。

資方：勞退金均依法提撥。

這樣的爭點是什麼？

看了他的薪資單才發現，原來資方雖然每個月提撥百分之六的勞退金，但是也每個月扣了司機這百分之六的錢。因此，本來公司應該提撥的退休金，再度轉移到勞方身上！是的，公司說「勞退金均依法提撥」，沒有錯，依法提撥，但公司沒有說的是：這些提撥的錢都是從剋扣勞方血汗錢來的!!資方一毛錢都沒有出。

真是好厲害的「依法提撥」！

「那其他人也是這樣嗎？」我問。

「是啊，不然能怎麼辨呢？所以我現在站出來，其實也是要為其他同事打頭陣，爭取我們應該有的權利！」

我問他，那你是怎麼放假的呢？他說，從二〇〇三年到二〇一二年，九年期間，他都沒有放假。

「什麼叫作沒有放假？」我非常震驚。

「沒有放假就是沒有放假啊！」他一臉律師你怎會聽不懂的表情！

根據他的說法，過去九年，從周一到周五受公司指示，開著這輛長十二公尺，寬兩公尺半、高三公尺的龐然大物，往返於竹科及南科之間。

「那六日呢？」

「六日公司再派我到其他地方，有進香的、有旅遊的、有參訪的，總之，沒休息過！」

這樣終年奔波於途，他說，有時候看到高速公路車禍，自己都會怕。

有一年除夕，他奉派載著一家人，開開心心到花蓮玩。當天晚上來到鳳林，家家戶戶正在圍爐，但他是司機，不可能跟著人家一起吃。還好，民宿附近有一間便利商店。他趁便拿起公共電話話筒，打電話回家。女兒接的。

「拔拔，你怎麼不回家吃年夜飯？」女兒問。

「因為拔拔要工作啊！」他回答。

掛上電話，眼淚流了下來。

但，只要全家人能夠溫飽，孩子能快快長大，一切努力與付出，就有了回報，他想。於是自己一個人，安靜的在那家超商吃麵，度過孤單的除夕夜。

「都是為了討一口飯吃啊！」他說。

「那有加班費嗎？」我問。

「你說呢？」

二〇一二年後，他被指派換開交通車，每天從一早八九點第一班，到晚上十點的最後一班，回到家已經十一點。當然，還是沒有半毛錢加班費。沒有例假、特休，任何休假，工作了九年；也沒有任何加班費；還有，打破就要賠。

記得有兩次開著遊覽車來到太魯閣燕子口，那個地方路很窄，山洞的空間又很低，一不小心，遊覽車車窗碰到山壁岩石，破掉的玻璃一片三萬塊。公司表示，外出發生事故，所有費用須由司機自己負擔。三萬，是他一個月的薪水。

他說，但相較起來，另一個同事更倒楣，新竹車開到蘆洲，對蘆洲不熟，忽然進了一個地下道，砰一聲，遊覽車變成英國倫敦的觀光巴士，敞篷的，車頂全掉了，這可要三十幾萬。公司不負擔一毛錢，同事只能任由每個月扣薪水。

臨走，我問他：

「為什麼剛剛會說倫敦的觀光巴士？」

「年輕的時候我很喜歡旅行，喜歡到處去看看！！這麼多年沒放假了，希望退休後，有機會也當個 Traveler。我買了好多旅遊書，很想帶太太跟女兒到倫敦看看！那個巴士就是書上看到的。」

我們互相加了 LINE，低頭一看，他的帳號就叫作：Traveler！

生死囹圄的少年

買泓凱案

二〇一三年二月五日傍晚，買麗雪女士接到桃園少年輔育院的電話，告知她到桃園敏盛醫院，因為她的孫子買鴻凱於傍晚五點多，被救護車送到該醫院急救。

說是急救，其實根據病歷記載，十五歲的買鴻凱到院已經死亡。等到買阿嬤晚上八點火速趕到現場，等待她的，是一具已經拉起拉鍊、包在屍袋裡的屍體。

買阿嬤打開屍袋，看到孫子不禁嚇了一跳，買鴻凱的右肋緣到右背部處，有大片瘀紅、擦傷。她拿起照相機拍照存證，心中不解，一個年紀輕輕才十五歲、原本健健康康的小孩，為什麼會搞到全身是傷，到醫院前就死亡？院方的答案是：抓癢感染死亡的。但買阿嬤無法接受。經送請法務部法醫研究所進行鑑定，於二〇一三年三月六日法醫所鑑定結果為：

死者買泓凱十六歲（男性，民國八十六年八月二十三日生，身分證統一編號F129768952），右胸肩腋窩鈍挫致組織間瀰漫性發炎、右胸肋膜囊炎、膿胸、菌血症、十二指腸潰瘍、破裂、腹膜炎，最後因敗血性休克及呼吸衰竭死亡。死亡方式與右胸肩受傷有相關性，故研判疑為「他為」。【以下空白】

法醫鑑定死因的「他為」判定至為關鍵，表示是由外力造成右胸肩受傷，而導致死者的死亡。但桃園地檢署函詢法務部法醫研究所再進一步說明，法醫所於該年五月回函卻表示：

（五）依上揭項二（一）（二）之檢查，腎功能良好且無橫紋肌溶血症之病理特徵應非橫紋肌溶血症之可能。一般若有橫紋肌溶解主要即為急性腎衰竭，買員並無腎衰竭症狀，故應可排除橫紋肌溶解病症之可能性。若以一〇二年二月二日扭傷造成關節囊炎，肌腱關節炎若能排除毆打之過程，則可視為運動傷害再併同皮膚炎，組織浮腫造成蜂窩組織炎致細菌發炎經皮下組織浸患至右肋膜囊腔造成膿胸之主要致命結果。

明顯前後有所落差。檢方接著傳喚少輔院多名院生，希望了解買生究竟有無遭毆打或凌虐，導致其傷重不治死亡，院生均證稱買生沒有被毆打之情況，桃園地檢署便以查無可疑對象予以簽結。

買阿嬤仍然沒有放棄，向尤美女委員陳情，尤委員非常努力向矯正署調取相關資料，拼湊事情的原貌，監察委員王美玉也主動調查本案，最後監察院對桃少輔院長林秋蘭、戒護科長陳立中、衛生科長林梅提出彈劾，司法院公懲會亦對三員做出懲戒確定。

桃園地檢署再度重啟偵查，尤美女委員國會辦公室詢問我們願不願意幫忙買阿嬤，我們認為此案關係我國少輔院院生的基本人權至為重大，因此應允義務協助處理。於是關廠案的夥伴吳俊達、劉繼蔚、曾威凱，以及事務所年輕律師劉育承、余柏儒紛紛加入。

白髮人送黑髮人，令人悲傷，說起買泓凱十五歲的生命，其命運也實在太坎坷了。

買阿嬤是台南楠西人，跟許多下港人一樣，年輕時就上台北打拚。她的女兒和男友年紀輕輕就生下泓凱，而且是在土城看守所裡。買泓凱的人生就起於監獄，跟著媽媽一起坐牢。到了快兩歲，媽媽將他送到孤兒院，買阿嬤將他接回來，又因為必須在台北賺錢，所以將他送回楠西老家，讓媽媽也就是泓凱的阿祖帶。之後，買阿嬤又將泓凱帶到台北讀幼兒園；國小一年級，又回台南讀國小；三年級，又到台北，就讀中山國小。

「南北來去，」買阿嬤說，「常常一邊開車載回楠西老家，一邊教泓凱念注音符號，九九乘法表，共享了許多快樂時光。」說著說著，阿嬤哭了起來。曾經因為泓凱功課落後，阿嬤還向老師學數學，再回家教泓凱。

買泓凱國中時，因偷竊一千元和手機，被判入桃少輔三年。國小三年級到六年級的特教老師是顏瑞隆。

顏老師說，其實泓凱拿東西，並不是為了偷竊，這孩子患有過動症，不知道商店裡的東西不能拿，而拿東西的目的，其實是想要表示善意，例如拿來給同學。

顏老師是特教研究所博士，曾經好幾次在買泓凱與商店發生爭執時，與另一位楊老師向店家拜託不要報警。

我們傳喚顏老師與楊老師出庭作證。

兩位老師都說，從國小三年級到六年級，幾乎天天與買阿嬤聯絡，因為買泓凱患有兒童期過動症，很容易與其他小朋友發生爭執；他會敲打笛子，直到敲破；放學後，萬一阿嬤沒來接，很可能受到某些新鮮事吸引就忘記回家。老師們也曾經在買泓凱逃家躲進大賣場時，費盡千辛萬苦把他找回來。

聽了老師們的證詞，深受這些願意為孩子付出的老師感動。每一個過動的小孩，都必須要家長、老師甚至這個社會，給予更多的愛和照顧。然而，很遺憾的是，買泓凱極可能不具備犯罪故意與意圖的「竊盜」，卻被理解為對「財產法益」的侵害，因此入桃園少年輔育院感化教育三年。

問題在於，桃少輔到底是學校？還是監獄？他能夠像顏老師、楊老師一樣，張開雙手，接納這個有點特別的孩子嗎？買泓凱在桃少輔一年多的日子，根據資料顯示，從二〇一一年六月十五日，到二〇一三年二月五日，總共就診了九十七次，戒護外醫五次。是的，看醫生超過上百次，包括扭傷、挫傷、拉傷、感冒、腸胃炎等等。到底為什麼一個十五歲的孩子，需要一而再、再而三不斷看醫生，更令人吃驚的是，如果一個孩子一而再、再而三的需要看醫生，難道管理人員不覺得狀況有異嗎？買泓凱身材瘦小，死的時候才四十公斤。最後一個月，體重從五十六公斤，掉到四十公斤。由於過動症，想必在少輔院內常與其他「同學」發生爭執吧，然而院方有沒有善盡保護責任呢？根據監察院的調查報告，在買生死亡前的數日，自一月底起，就已不斷反應身體不適。到了二月一日、二日，買生已經病重到無法下床。二日戒護外醫後，狀況仍未改善，到了四日，少輔院將他送到「三省園」，該處少輔院自稱「病舍」，實際上是隔離舍房，根本沒有任何醫療設備可言。

在隔離舍房待了一晚，到了五日早上，院內管理員已經建議戒護科長陳立中，必須將買生送外醫，不料科長不為所動。到了下午，管理員、藥師都建議科長要將買生送外醫，藥師甚至說，如果現在不送，等一下也要送！而科長居然對買生說，「X光也給你照了，外醫也給你看了，不要假鬼假怪！」到了傍晚，當真送往醫院了，之前卻已經死亡。

縱使查不清十五歲的買泓凱，在少輔院內有否被霸凌、被欺負，但我們看到買泓凱在少輔院最後的日子，即使不斷求救、哀嚎，這些監所的長官仍將他送往隔離房，讓他踏上死亡之路，直到最後一刻。

開庭有一刻，這位科長與顏老師、楊老師剛好錯身而過，讓我不禁要想，如果這位科長能夠早些知道這兩位中山國小的老師，是如何以熱情與愛心對待這個過動症的孩子，他的心是不是會柔軟一點？離開法庭，開車載著吳俊達、劉繼蔚兩位律師，車上大家莫不感嘆買泓凱悲慘的命運，來不及長大的人生，令人不勝唏噓。

我們向少輔院提出國家賠償，遇到一個困難是，買阿嬤是泓凱的阿嬤，但我國國家賠償法是準用民法侵權行為的規定。在民法第一九四條規定，於被害人死亡後，能夠請求慰撫金的人，只有被害人的父、母、子、女、配偶。泓凱是阿嬤養大的，但阿嬤不得請求慰撫金。相當不公平。現代社會有別於過去家庭結構簡單的農業社會，誕生了許多阿嬤的子、阿祖的子，但民法沒有隨著時代演進，調整規範的規定，完全無法符合社會需求。因此我們向法院主張必須類推民法第一九五條第一項、第三項的規定，給予買阿嬤向桃少輔請求慰撫金的權利。

美國法哲學家德沃金（Ronald Dworkin）在《法律帝國》（Law's Empire）這本書裡提到，法院判決往往不可避免的帶有道德評價的面向，誰為這個社會做了好的示範，誰為這個社會做了不好的示範，誰犯了錯，誰應該得到大家的讚揚，都應該在法院的判決裡被評價出來。本案中，很明顯的，買阿嬤、顏老師、楊老師都非常盡心盡力，照顧買泓凱這個有點特別的孩子，但桃少輔的官員們，卻為這個社會做了錯誤的示範，在一個孩子不斷求救、吶喊之際，無視這樣微弱的聲音，將他推向不可測的生命危機，這應該要透過判決被評價出來！

每次開完庭，買阿嬤都會一再謝謝律師幫助。其實，我想對她說，謝謝妳照顧這個孩子。

憤怒的一隻鞋

大埔丟鞋案

二〇一三年七月十八日，苗栗縣長劉政鴻趁張藥房的主人北上，參與集會遊行之時，出動了六百名員警，在眾目睽睽之下，拆了張藥房。

劉縣長說，趁著主人北上行動，「這是天賜良機！」

當時人在現場，也是大埔四戶的朱大哥曾對我說：

「不知道為什麼，看到一車又一車的警察來，我的腿不停的發抖，停不下來。」

等到張藥房的主人張森文先生跟他的妻子彭秀春女士，從台北回來，等著他們的，是守著一輩子的藥房，被夷為平地。而劉政鴻在動用怪手拆除執行時，並未將屋內的物品移置到屋外，因此，兩個老夫妻，必須在瓦礫堆裡，含著淚水，撿拾他們家孩子們的相片、衣服、信件、藥品，守著一輩子的家，孩子們成長的地方，就這麼毀了。

秀春姐說，「這不是在拆房子，這是在踐踏我們的尊嚴！」

九月十八日，傳來令人難過的消息，張森文先生被人發現投水死亡，以死來表達對這樣蠻橫的縣長，最沉痛的抗議。

秀春姐說：「我先生遺體被發現的時候，雙手還緊緊的握著拳頭，他不甘心被欺負啊！」

其實早在事件發生的三年前，劉政鴻就曾派怪手，開進大埔朱阿嬤的田，將她田內的稻穗壓得粉碎，讓阿嬤眼淚無處流。

有一天早上，想著耕了一輩子的田，朱阿嬤坐在家裡的椅子上，拿起農藥，仰藥自盡。

一個徵收案，逼死好幾條人命。

當張大哥的遺體運回張家的時候，家屬卻接到縣府的電話，表示劉政鴻要來上香。

家屬立刻拒絕了，因為家屬認為，害死張大哥的，不正是劉政鴻嗎？因此不願意配合這位政客，演這場上香戲。

然而，到了傍晚，這名縣長居然在諸多隨扈、警察的開道下，欲強行進入張家，霸王硬上香。

陳為廷與其他聲援大埔案的學生跟苗栗青年，死命的以自己的身體抵擋，不願意讓劉政鴻進入，再度踐踏張大哥的尊嚴。

眼看在優勢警力的開道下，劉政鴻就要登門入室，這時陳為廷已經被擋在人牆之外，情急之下撿起被推擠掉落的球鞋，往劉政鴻方向丟去，沒想到，正中紅心，不偏不倚，直接命中劉政鴻縣長的臉，堪稱比王建民還要準。

眾目睽睽之下，眼看就要成功演出的上香秀，登時被一隻「天賜良屐」散戲了，實在令這名土霸王顏面無光，因此忿忿離去。

陳為廷如何能夠越過重重人牆，直接命中劉政鴻？再怎麼說，在場的人都覺得，這是巧合中的巧合，但，秀春姐說，「這不是陳為廷丟的，這是我先生丟的！」

她相信，冥冥之中在天上的張大哥，透過陳為廷的手丟出了這隻鞋。

一開始，劉縣長大方的告訴記者說，不會提告。然而，數天之後，他便委任律師，具狀向苗栗地檢署提出公然侮辱的告訴。

之後，陳為廷與林一方、林飛帆、陳光軒、吳宏銘、王曰舒、傅偉哲等七人，在檢方認為大埔事件八月十六日的抗爭，造成一名員警遭流「蛋」擊中受傷，因此遭起訴傷害罪，陳為廷部分則是向劉政鴻丟鞋的強暴侮辱罪。

陳為廷等七名學生及苗栗青年，因為大埔事件挺身而出，居然落到這樣的下場，實在令人不平。

我認識陳為廷應該是在關廠工人案時，當時他打電話給我，說苗栗頭份有一些華隆關廠工人的媽媽，跟關廠案很像，可否一起跟她們談談，看看有沒有辦法。

於是他跟陳祺忠這些苗栗青年，帶著這群媽媽來到我住家旁的新竹北大路人文年代咖啡廳，針對關廠倒閉後，領不到資遣費、退休金等問題，大家設想各種解決的可能。記得每一次我總是想了又想，然後告訴她們：「現在還想不出來，但是以後應該可以想出來！」她們也總是大笑。

過程中，了解陳為廷的媽媽生前也是華隆頭份廠的女工，加上這些學生的熱情，深深感動了我，也很欽佩他們願意幫助這些又老又病又窮的工人。於是，關廠工人案結束後，律師團又承接了華隆工人案，眾志成城，在諸多努力下，最後真的幫助華隆的關廠媽媽們，拿回了資遣費跟退休金。

「霸王硬上香」這件事，是這些勇敢的苗栗青年阻擋家屬再次受到踐踏與侮辱，許多人都認為，這些手無寸鐵的青年的行為義舉，是難能可貴的勇敢，而不是對縣長的公然侮辱。然而，他們終究被起訴了，這是刑案，而他們大都是年輕的學生，沒有收入，更遑論聘請律師。

於是我們展開組成義務律師團的號召。

很快的，除了原來一起打關廠工人案的律師劉繼蔚、李宣毅、曾威凱、李荃和、郭德田、宋國鼎，更有先前就參與劉政鴻靈堂案、苑裡反瘋車案的柯劭臻、謝英吉律師，來自台中的熱血律師許儱淳，而我的老師，蘇建和案辯護律師羅秉成，受到學生感動，也馬上答應加入義務律師團。另一位陸正義律師，則是我在台中某件遺產分割協議案件的對造律師。在與陸律師纏鬥的過程中，深深覺得這位年輕的律師很認真，充滿幹勁，答辯狀、聲請調查證據狀、辯論意旨狀，上個沒完，當庭表現更是令人激賞，即使案件體質不利，仍然奮鬥不懈，後來我方勝訴，但對他的戰鬥力還是十分佩服。某次開庭完，我鼓起勇氣問他，「我們在苗栗的大埔丟鞋案，被告有七個人，你願意加入我們的義務律師團嗎？」

陸律師毫不猶豫就答應加入。

大埔丟鞋案義務律師團迅速成軍。大家從台北、新竹、台中趕來，一起齊聚苗栗，為這些苗栗青年辯護。

第一次開庭，一早便看到秀春姐站在苗栗地院門口，來為學生讚聲。然而，現場出現許多穿著苗栗縣警察局刑警背心的人，一路跟著學生和辯護律師，甚至跟拍律師到法庭上。所以一等法官坐定，我方便當場跟法官表達強烈抗議。

在苗栗地院的法庭上，苗栗縣警局居然可以派刑警一路跟拍學生和律師，施壓被縣長告的學生與其辯護律師！顯見劉政鴻多麼肆無忌憚的濫用國家公權力。

檢方起訴七名苗栗青年傷害罪的部分，主要是二〇一三年八月十六日「傳喚劉政鴻」集會時，這些青年向苗栗縣政府丟擲雞蛋，結果造成一名員警眼部受傷。

一名員警眼部受傷，為什麼起訴七個人？這就是有名的「一顆蛋，起訴七人事件」。

檢方認為，員警站立在縣政府跟群眾之間，群眾卻還是往前方丟擲雞蛋，顯然有讓員警受傷的「未必故意」，因此，這七個人同樣都構成故意傷害罪。

但，這樣的起訴書，就辯護律師團來看，顯然是欲加之罪，何患無辭。

尚不論被告之一的陳為廷，從頭到尾都是拿著麥克風，沒丟過任何一顆雞蛋，其他六人和其餘群眾，都是以丟擲縣政府牆面，達到抗議劉政鴻大埔事件強拆為目的，豈有丟擲警察之理？更何況，一名員警受傷，也是應該追究丟擲他的人，怎麼為一顆蛋起訴七個人？

另一個攻防重點在於，到底陳為廷丟擲鞋子砸中劉政鴻，是否構成強暴侮辱，有涉侮辱公務員的罪責？首先，當時家屬根本明確拒絕劉政鴻的假意探視，但劉仍執意上香，根據刑法第二四六條之規定：「對於壇廟、寺觀、教堂、墳墓或公眾紀念處所，公然侮辱者，處六月以下有期徒刑、拘役或三百元以下罰金。妨害喪、葬、祭禮、說教、禮拜者，亦同。」當時，張森文先生遺體已運回張家，且由親友進行傳統禮儀中，劉政鴻強行進入，顯然已觸犯本條，甚且家屬拒絕縣長進入其住宅，縣長仍執意進入，本身就構成侵入住宅罪。陳為廷及其他學生為防衛霸王硬上香對家屬造成不法侵害，挺身而出，自當構成正當防衛，沒有所謂強暴侮辱的問題。

但，檢方的主張認為，劉政鴻欲進入喪家，是為了發問慰問金，性質上是給付行政，執行公權力，因此對劉政鴻丟鞋，構成刑法第一四〇條之對公務員的強暴侮辱罪。

辯論重點就在於，到底劉政鴻來張家，是執行什麼公務？根據苗栗縣社會處長的說法，當天他跟著縣長，帶了兩萬塊，要去慰問家屬。然而，這種將人逼上絕路，然後帶著錢要來硬慰問的戲碼，並不是只有這一遭。早在此案發生的三年前，因為劉政鴻強命怪手開進良田，大埔七十三歲的朱老太太仰農藥自殺，當時這位社會處長，就跟著劉政鴻來到朱阿嬤家，欲進行強迫慰問，最後被朱阿嬤的兒子嚴詞拒絕。三年後，強拆了張藥房，再度上演同樣的戲碼，難道這位社會處長跟劉政鴻毫無意識嗎？他們當然是知道的，因為早有經驗。但他們堅持要家屬也配合一起演出這齣戲，以便緩和來自社會輿論的壓力。總之，慰問是假的，演戲才是真的。

辯方聲請傳喚劉政鴻以及社會處長。法院僅准許傳喚社會處長到庭，交互詰問的重點即是在於：到底依照何法規範，前往慰問？執行什麼樣的公務？處長一開始答道，他是依據苗栗縣急難救助實施辦法，帶著兩萬塊跟縣長前往喪家。問題是該急難救助實施辦法，必須是苗栗縣民向縣政府申請，還必須是戶內人口死亡無力殮葬者，才有該辦法的適用。

我們問他，張家有提出申請嗎？有無力殮葬嗎？

答案都是沒有。

更關鍵的是，按照該辦法第五條，戶內人口死亡，無力殮葬者，發給救助金新台幣二千元至新台幣一萬元。也就是最多僅能發放一萬元。

於是我問他，「處長，如果依照苗栗縣急難救助實施辦法，無力殮葬最多也僅能發放一萬元，為何你帶著兩萬元？」

在座所有人靜靜等待這位處長回答，法庭上連一根針掉落都聽得見。

沒想到這位處長回答，「我是受縣長指示！」

我接著又問，「所以你不是依據什麼法律或行政命令，而是僅受縣長指示前往張家，對嗎？」

「對！」

羅秉成律師在本案辯論時，向法院表示，本案的學生之行為，非但不會構成犯罪，這些行為還應該被評價為義舉，是非常值得肯定的行為。

而劉繼蔚律師則請求播放大埔張藥房被強拆的畫面，經過律師團強力的接棒辯護，細數大埔強拆欺凌弱者的不義，在場被告哭，律師哭，後面旁聽的秀春姐及聲援的志工媽媽們也哭。

苗栗地院很快的做出一審判決，一顆蛋起訴七個人傷害罪部分判決無罪；但陳為廷丟鞋部分，法院認為並非正當防衛，判處強暴侮辱罪，處罰金一萬元。侮辱公務員的部分不成立，法院認為，當張家鐵門拉下，明確表示不願意接受慰問，則劉政鴻公務慰問顯然已經結束，隨即遭到陳為廷以鞋丟中頭部，當時並未執行公務，故並未構成侮辱公務員罪。

一審判後，檢察官針對被告無罪的部分提起上訴，我方則針對陳為廷遭判有罪的強暴侮辱罪提起上訴。

案件來到台中高分院。審理的重點還是在於，到底陳為廷丟鞋的行為，是否構成正當防衛？是否受言論自由的保障？為了強化陳為廷所為係為了保護家屬免受劉政鴻再次踐踏，於是我們聲請傳喚彭秀春女士。

開庭當天我從新竹出發，先去載住在清大附近的陳為廷，之後再到竹南搭載秀春姐到台中高分院。

一開始詰問，秀春姐顯得有點緊張。

「你先生跟這些在庭的被告，是什麼關係？」檢方問。

「我先生在世的時候，對待這些被告，就像他自己的孩子一樣。」秀春姐答。

在場的人無不動容。

最後檢察官問：「彭女士，請問今天你是怎麼來台中開庭的？」

秀春姐回答：「是邱律師到竹南載我來的。」

不料，檢察官因為這個回答，在對證人的證詞陳述意見時竟說，「因為證人是被告的辯護人載來的，所以其證詞顯然受到影響，證詞不實在。」

實在令我非常難過。

我在辯論時向合議庭法官表示，何以秀春姐必須被我載來？正是因為，她的先生被劉政鴻逼上絕路，否則的話，秀春姐要去哪裡，都有她的先生可以載。張大哥和這些被告青年的關係，有什麼好讓律師可以去影響證詞的？

我還記得秀春姐曾對我說，張大哥每天早上起來，會把藥房地板擦一遍，打掃得乾乾淨淨，最後煮好早餐，讓身為太太的她下樓吃。她記得懷孕的時候，很喜歡吃新竹的肉圓，張大哥會在冬夜，騎著偉士牌，沿著竹南往新竹的省道，來到新竹買肉圓回去給她吃。因為一生被一個如此照顧自己的男人呵護，到哪裡都由他載，所以她從來不會開車。

沒想到幸福的生活，就被這個惡縣長所毀了。

法官最後判決七人共犯傷害，無罪確定，但陳為廷強暴侮辱罪的部分，有罪但免刑。

迄今，我仍常常想起，開完庭後，律師們跟這一群仗義挺身而出的苗栗青年們，一起到苗栗地院對面的麵店吃水餃，互相吆喝的身影。耳邊便又響起，秀春姐說的：

「這隻鞋是我先生丟的！」

沒有證據的死刑犯

沈鴻霖案

去看了沈鴻霖很多次，答應張娟芬要寫律見沈鴻霖的筆記。然而，每每於深夜想要下筆時，卻感覺有千斤之重。

沈鴻霖的案子並不複雜。故事回到一九八九年的中秋節，地點在彰化縣芳苑鄉的一家窗簾工廠。兩名女子在工廠辦公大樓三樓的宿舍被姦殺，現場血流成河，事發後，警方研判歹徒下手的時間是晚上十點到十一點之間。歹徒以房間床板下的角橫木及菸灰缸猛擊被害人頭部致死。警方循線逮捕到第一名嫌犯A，現場死了兩個人，而命案現場並不凌亂，警方研判歹徒不只一人，不可能是一人犯案，因此在警局輪番疲勞訊問A。根據A的供述，B跟沈鴻霖也有涉案，A跟B與沈鴻霖共同強姦，A與B 共同殺人，沈有強姦沒殺人。

然後，B跟沈分別落跑了。A開始審判，雖然A於警局自白後翻供，可是已經來不及了，他的律師主張A智能不足，法院以A的自白再加上到現場表演的錄影帶，以及現場遺留下的一根菸蒂符合他的血型B型，判處A死刑。最後三審定讞，沒有發回更審，直接槍斃。接著B於一年後落網了。B的審判開始了，雖然B從頭到尾喊冤，法院所持有的證據就是A對B的指述，此外沒有指紋、沒有DNA、沒有其他證據，而A已經死了，所以也就無法傳A出來對質詰問。從頭到尾B應該是沒有錢請律師，歷審都是公設辯護人幫他辯護。說是辯護，好像也沒有實質辯護到，因為沒看見過辯護狀。B很快的也被判了死刑，然後很快的三審定讞，沒有發回更審過，也槍斃了。

輪到沈鴻霖出場了。然而有點慢，原因是沈逃到埔里的山上種茭白筍，這一種種了十四年。十四年後的某天，故事來到二〇〇三年，沈騎機車在路上被警察臨檢而被捕。

十四年後，沈鴻霖的審判終於登場了。法院掌握的兩個對沈不利的證據：兩個同案被告說他有做，以及現場採集到沈的一枚指紋，除此之外別無其他證據。

然而尷尬的是，第一、兩個同案的被告已經死了，人死不能復生，除非觀落陰，否則，沈根本沒有機會跟共同被告對質，該如何是好？第二、該枚指紋當初彰化地院移送到台中高分院時，已經遺失了，而且鑑識人員不確定，該枚指紋究竟是在三樓的康樂室採的，還是在命案現場的受害女子房間採的。如果是在前者，沈之前因屬該公司工人，也有去過，則該枚指紋也不能證明沈有涉案。

於是被告律師想到一個水落石出的方法。由於當時警方有將被害女子的下體、子宮取下，置放在福馬林裡，因此被告律師聲請驗ＤＮＡ，只要證物內有沈的ＤＮＡ，便可以確定，沈確有涉案；如果只有其他兩人的ＤＮＡ，證明沈極有可能沒參與，實不失為一個真相大白的好方法。

可惜法醫出庭作證，由於警方誤將該證物泡在福馬林的溶液裡，事過多年，已經無法驗出有無ＤＮＡ。事以至此，本案共同被告已經被國家殺害，無法對質詰問、ＤＮＡ因為被錯誤處理而無法檢驗、警方不確定指紋到底在哪裡採的，所以法院該如何判？答案是死刑。

於是，沈鴻霖經過更七審仍判處死刑確定，目前正待決中。

以上是本案的判決，接下來還是來談一談親身看他的經驗。

沈鴻霖國小畢業，不認識字，講話的時候有海口音，很像白雲學標哥講話的感覺。初見沈鴻霖，他彷彿有千言萬語，想要把所有的故事都倒給我。沈告訴我，他家是三合院，他騎了一台野狼，摩托車聲音很大。案發當天他九點就到家，三合院裡住了他阿公、父母、哥哥、嫂嫂，以及他老婆跟兩個孩子。所以回家時全家人都聽到他機車的聲音，他絕無可能在十點到十一點間去做案。

然而，每次開庭，他都把他不在場的事實詳細的講一遍，但是歷審法官都會問他兩個問題：你沒做為什麼要逃？你沒做他們為什麼要說你？

於是整個審判不是檢察官舉證，證明被告有罪，而是倒過來：被告舉證，證明自己沒做，而且還要證明，你是有正當理由逃的，且兩個已經過世的人是亂咬你的，這樣幫法官釋疑，讓法官不會懷疑你有做，才可以判無罪。

見了沈鴻霖多次，通常我都把他安排在我要見的被告的最後一個，理由是，審判中的案件，你總是能找出起訴書的一些破綻，再怎麼艱難的案件，即便是被告全部認罪，也有量刑上可以努力的空間。

然而，沈鴻霖是確定的死刑案件，他的難處，並非法院以就卷內的證據為錯誤的事實認定，而是卷內根本沒證據！而法院卻判了死刑。因此，排在最後一個，理由是大多數時間兩人對坐，我問：可不可以再想想看，有沒有什麼可以提出的？然後兩人對坐發呆，真的就是發呆。然後只好再聊一聊茭白筍，根據沈鴻霖的說法，他的茭白筍種得不錯，通常為了避免太熱，清晨四、五點就出發到田裡，沈的茭白筍養大了三個女兒。

真不知道要講什麼的時候，我偶爾會想測試他一下，雖然師父羅秉成律師常說，律師要抑制不斷追求真相的好奇心，然而，我就是忍不住，於是我跟他說：

「這樣好了，事情都已經到了這步田地，法官也認為你有強姦，沒殺人，你乾脆把真相講出來，強姦那部分認罪，我們幫你做一個狀紙，看看可否改判無期。」我靜靜等待。

「問題是我根本沒做我要怎麼認？是要叫我怎麼講？」他微怒。

第一波測試有通過。

過了幾天，我託高中同學代為詢問，台大法醫研究所是不是可以就本案證物泡在福馬林裡面驗ＤＮＡ，所得到的答案是，好像有點難。

我告訴沈鴻霖：「我有個朋友的朋友，在台大法醫研究所專門驗

ＤＮＡ，他說，你這個還可以驗耶，如果可以你願意驗嗎？當然如果驗出來結果真的有你的ＤＮＡ，你的生命就危險了。」我又靜靜等待。

「我要驗、我一定要驗！」（雙手握拳貌）

測試又通過了。

最近又到了兩人講了好久，發呆的時候，我說：「這樣好了，我是覺得，在你講的這個經過跟起訴書、法院這個事實之間，應該有隱藏了一個故事。法官說你沒做你為什麼要逃？這點你可能當時不想講，我是覺得對律師講話要坦誠，這樣律師才能幫你找出對你最有利的主張。現在都已經到這步田地了，你之前那個說法經過七次更審，證明沒辦法過關，不講就是維持現狀，講了我們可以去找證據，有一個新的機會，不如你把隱藏這麼多年的故事告訴我吧？」我又再度靜靜等待。

沈抓頭想了一下，「當天我九點多到家……」再度說出一模一樣的故事。

我差點跌倒。

法警說，時間到了。我再次低頭收拾皮箱，默默離開。背後是沈鴻霖沉重的腳鐐聲，看守所沉重的鐵門再度重重關上。走出看守所，望著天上美麗的夕陽，我不禁想，門內是否關著被判了死刑的無辜靈魂？沈鴻霖案是許多律師及人權團體認為有可能判錯的死刑案件，主要是證據實在是太薄弱太薄弱了，但是目前還是無法開啟再審，主要是因為，在案件定讞之後，只能經由特別救濟程序尋求救濟。

所謂特別救濟程序，包含兩個部分：非常上訴與再審。首先，非常上訴依照我國的刑事訴訟法，是專屬於檢察總長的權限，換句話說，只要檢察總長不願意提，就完全沒有機會。被告與被告的律師，並沒有獨立提起非常上訴的權利，只能向檢察總長聲請，請求總長提非常上訴。這種由總長壟斷的權力非常不合理，可謂獨步全球，也因此我國經由總長提起的非常上訴極其稀少。

另一個管道是再審。但我國再審門檻非常高，每年可以通過門檻開啟再審的案件，不到十件。相對來說，與我國同為大陸法系國家的德國，每年可以通過再審的案件超過一千件，是我國的一百倍。另外，以沈鴻霖案為例，該案的最後事實審判決法院是台中高分院，而依刑事訴訟法規定，如果定讞後要聲請再審，要向哪個法院提出再審？答案還是台中高分院。

如此制度當然更增加再審的困難，其等於是要求，判決錯誤的法院，必須再自打嘴巴，開啟再審，著實考驗人性。因此有許多平反冤案的研究認為，應該統一由一個審查再審的委員會來處理再審案件，或者，至少不應該由原來的最後事實審法院來管轄，才能有效讓許多的冤錯案開啟再審。

從沈鴻霖案可以看到，徹底的檢討我國的非常上訴及再審制度，不但必要，而且刻不容緩，如果沈鴻霖是冤枉的，那麼，他不只是一個已經禁錮了五千多天的無辜者，並且每天都有可能因為執行死刑而成為槍下的冤魂。

如果一個無辜的人被判有罪，沒有一個人是自由人！讓有罪的人受到應有的制裁，讓無辜的人早日回家，應該是起碼的標準，也是最卑微的要求。

他只不過想養家餬口

洗衣機清洗工人案

眼前是一對年紀很輕的夫妻，大約都二十多歲，從苗栗來，太太手上抱著一個一歲半的小女生。

少年家說，結婚之後，太太懷孕，他一直相信只要靠雙手，努力打拚，一定可以好好照顧家庭，養家活口。有一天，來了一個人說他有家公司，想找少年家「合作」，而且保證絕對可以賺到錢。

合作事項很簡單，就是少年家出資三十萬，「加盟」該公司，公司擁有清潔洗衣機的「技術」，也有客戶，每年至少可以派一百八十個案件給他，每個案子一千五百八十元台幣，公司抽成五百元。

少年家心想，這倒是個不錯的賺錢方法。雖然清洗洗衣機很辛苦，但是為了家庭，為了襁褓中的小孩，像他這樣沒有背景的人，再怎麼辛苦也必須拚。於是，咬著牙，到處周轉湊了三十萬，簽下約，期限三年。

約簽了四個月，有一天，老闆突然說，目前這樣的制度，公司沒辦法營運，必須除了每個案件抽成五百元外，每個月要再另外給公司一萬五千元的「廣告費」。老闆要求他必須簽「新約」。新的約定上，還加了一條違反「營業秘密」條款，要求少年家先簽下一張一千萬的本票，也就是如果違反，違約金一千萬。

少年家面臨抉擇：是要簽新約續合作，還是不合作？不合作的話，那剛剛交出去的三十萬，不就打水漂了嗎？家中嗷嗷待哺的小嬰兒，可還在等爸爸帶奶粉錢回家。迫不得已，他只好接受「換約」。

這樣一來，以每年一百八十件清洗洗衣機的案子計，一百八十除以每年十二個月，每個月可以派到十五件。一件一百八十元，扣掉給老闆的五百元，剩下一件一千零八十元，十五件，一萬六千兩百元。換成新約，少年家要給老闆每月一萬五千元，實際收入變成只剩一千兩百元，對，一千兩百元，然後一年一萬四千四百元，等於每天每月每年辛苦清洗洗衣機得來的報酬，都給了老闆。

「所以你的問題是，針對這項不公平的約定，你要告這個公司嗎？」我問。

「不是，是這家公司要告我。

「因為在這個約定底下，我們已經快活不下去了，一個月賺一千元，我們一家三口要如何生活？我只好去做一些打雜的工作，老闆知道後，卻說我違反『營業秘密』條款，要用那張一千萬的本票告我。」少年家哭喪著臉回答。

看著合約，我無法想像這一家三口這一兩年來有多麼艱苦。一個年輕人，為了照顧自己的家庭，忍受這樣的剝削與屈辱，到頭來竟還被威脅告上法庭、面對一千萬元本票裁定的可能。

有句話說「法律是保護懂得法律的人」，說起來很辛酸，這個案件裡，老闆利用這位少年家年輕，沒有社會經驗，在少年家繳了三十萬加盟金四個月後變臉，要求「換約」，簽立苛刻的新約，逼得他幾乎走投無路。

但，老闆可以要求少年家四個月後「換約」嗎？

答案當然是否定的。原來的契約如果沒有意思表示錯誤、被詐欺脅迫等問題，該契約就是有效契約，當然就得按照原契約內容履行，如果老闆要求換約，員工當然可以拒絕，而員工拒絕後，因為是老闆不願意履約，自然應該由老闆負不履約的債務不履行責任。也就是交還少年家已經給付的三十萬元。

另一方面，新約除了要求每個月給付公司一萬五千元的「廣告費」外，要求少年家簽的一千萬本票，性質上應該屬於違約金。但違約金是違約後，損害賠償總額的預定，先不論本案中少年家在這樣的契約下搞到活不下去，因此去打零工是否違約，我們只要思考一個問題：少年家去做打雜的工作，老闆有因此損失達一千萬元嗎？答案當然也是否定的。

這個「新約」，以及這一千萬元本票約定，讓我想到柯文哲說的，用刀叉吃人肉！

這些「違約」、「損害賠償責任」、「違反營業秘密」等讓人看不懂的法律文字，看似文明，暗藏的實則是極度的不公和剝削。但，一個從苗栗鄉下走來，只想好好照顧家庭、養家餬口的少年郎，哪裡能讀出這些？面對這樣精心設計的陷阱，這樣的惡意，毫無警覺，他就像獵物一樣，掉進這以謊言編織的文字網中，等待被獵殺。

我決定帶著他到台北，跟老闆調解。

談判桌上，老闆的律師要求我方拿出少年家每個月所賺的金額。

「不可能賺那麼少吧？」對方律師說。

這時站在一旁、抱著小孩的太太，拿出所有她整理過的資料，密密麻麻，先生幾月幾日到哪裡清洗洗衣機，時間地點金額，還有顧客的簽收，電話號碼，被老闆抽成後剩多少錢，全部寫得清清楚楚。

少年家望著太太的舉動，淚水奪眶而出。

少年家很努力，東奔西跑努力清洗洗衣機，晚上才拖著疲憊的步伐回家。太太也很努力，除了在家帶小孩，還把所有紀錄整理得一清二楚。這對小夫妻，為了生活，為了他們的將來，為了他們的家庭，如此賣力的打拚，這個老闆於心何忍？

經過許多波折，我們終於拿回老闆手中的那張一千萬本票。

協同少年家夫妻步出跟老闆談判的大樓，心情大概就像陳金鋒對日本擊出了全壘打那樣高興！三人都快抱在一起了！

太太接過本票，將它撕得粉碎。

互相道別的時候，我問，解決了這約，以後打算做什麼呢？

少年家靦腆的看了太太與小孩一眼，緩緩的說：

「認真工作，養小孩。」

無解的憂鬱　李明興案

李明興的爸爸李正大先生，外省鄉音濃厚，老是一邊講，一邊就哭出來，因此，有時候我們也常常聽不清楚，他在說什麼。

洪案爆發後，為了救濟過去軍法時期所發生的軍冤案件，成立行政院軍冤會，可惜，該會成立一年，只發交了四個案件。李明興案就是其中之一。

李明興是個年輕的阿兵哥，也是李正大先生與其太太的獨子。李先生老來得子，因此對李明興疼愛有加。

李明興二〇〇六年於花蓮服役，因患有憂鬱症，同年七月十四日、七月十八日、七月二十七日、八月十日、八月二十一日、九月七日，分別多次先後前往國軍花蓮總醫院精神科門診，後來，在二〇〇六年九月二十一日這一天，李明興再度因憂鬱症狀況惡化，自行前往國軍花蓮總醫院精神科就醫。經過醫生診斷後，認為應該住院接受治療，並替李明興辦理住院手續，連病房都幫李明興安排好了，只需辦理住院手續。

李明興因此打電話回部隊，向長官表示醫生要求其住院，不能回部隊。不料，該部隊長官開會討論後，明明知道李明興係重鬱症患者，竟仍不顧醫生之指示，告知李明興：

「不可以住院，在醫院門口等我們接你。」

李明興這個可憐的小兵，茫然失措，不知道該如何是好。於是站在醫院門口，乖乖的等待部隊派人前來。

果然，該部隊派出兩名長官，將李明興帶回部隊。

到了晚上九點多，醫院發現，李明興居然沒有住院!!

怎麼會有醫生告知病人需住院，且已經幫病人找好病床，卻沒有住院的情況？於是護士打電話到部隊責問，「為何李明興沒住院？」

部隊的回應是，我們已經將李明興帶回。該醫院的醫護人員都覺得軍方的作為非常離譜。然而，部隊還是不讓李明興住院。

李明興被帶回部隊後，憾事發生，隔日九月二十二日四時三十分許，他在部隊樓梯間以鞋帶自縊，於同日上午十時三十五分不治死亡。

案發後，李爸爸跟李媽媽接到軍方的通知，唯一的兒子已經死亡，實在不敢相信，但兩老也只能坐火車，從桃園來到花蓮，看著兒子的遺體，老淚縱橫哭斷腸。

軍方的說法就是自殺。然而，究竟為什麼沒就醫，部隊的長官三緘其口，並沒有說明，可是李爸爸一直懷疑其中另有內情。這個案件出了人命，但軍事檢察官在案發當日，要求家屬認屍後，再也沒有傳喚家屬開庭。

為了討一個說法，李爸爸從桃園坐車到台北國防部門口，舉牌抗議，但沒有見到國防部任何官員，反而被國防部的長官命令憲兵丟出去。到總統府前抗議，還是一樣，被憲兵扛出去。

但李爸爸還是不甘心，兒子就這麼不明不白的死了。

終於七年後，爆發了洪仲丘案，因為二十五萬人的努力，推倒了軍事審判制度，成立了行政院軍冤會。李正大向軍冤會申訴，最後成功的發交花蓮地檢署偵查，最後起訴了不讓李明興就醫，強迫其回營的長官過失致死罪，但該長官最後仍被最高法院判決無罪定讞。

二〇一六年，監察院調查後，李明興所屬部隊之長官有違失，因此提出詳盡的調查報告，軍方當時，事實上也對相關人員的違失，處以行政懲處，表示軍方也認為所屬對李明興的處置，確有不當。

然而，李明興的爸爸媽媽向國防部提出國賠的請求，卻遭到國防部拒絕。提起訴訟後，軍方的答辯只有寥寥數語：時效已經消滅。換言之，軍方的理由是依據國家賠償法第八條，國家賠償必須在知悉損害發生時兩年提起（短時效），或者最遲在事件發生後五年內提起。因此，事件發生時是二〇〇六年，應該在知悉損害發生後的二〇〇八年就要提起，假使不知道該向何人提起，最慢在二〇一一年時效就已經屆滿了。

時效制度是一個重要的法律制度，之所有會有時效制度，乃是因為「法律不保障在權利上睡著之人」。因此，如果一個人，可以請求權利而不請求，法律上為了避免法律狀態長期不安定，故規定只要一定的時間經過後不請求，時效就消滅，對方可以主張時效抗辯。

本案開庭時，軍方派出三位訴訟代理人，強力主張時效抗辯。甚至表示，李爸爸媽媽來到花蓮後，軍事檢察官問他們，對李明興的死亡有沒有意見，他們也答稱，「沒有意見！」表示在當時，事故已經發生了，李先生就知道可以請求而不請求，時效已經過了。

李爸爸聽到之後，不禁老淚縱橫。他哭著向法官說，從頭到尾除了兒子死的那一天，軍事檢察官有找他以外，之後從來沒有找過他跟太太。他到國防部被憲兵丟出去，到總統府也被丟出去，沒有一個軍方的人願意理他，他更不知道，原來是李明興要去住院，軍方強迫將兒子押回部隊，不讓他看醫生，所以他根本不知道到底軍方有沒有過失，因為從頭到尾軍方死亡證明書上開的就是「自殺」。

法官也好奇，到底軍方是怎麼偵辦此案的？到底是偵辦，還是不偵辦？在這個案件中，軍方在二〇〇六年李明興死後，完全不讓家屬知道，到底偵辦了什麼，連簽分偵字案或他字案都沒有，就以「相」字案簽結。

後來花蓮地檢署的起訴，也證明軍檢署確實是不作為。

在這種情況下，軍方因為自己掌握的軍檢署毫無偵查作為，讓李爸爸完全不知道到底軍方有無過失，讓時間一分一秒的過，等到多年之後，終於了解是部隊長官不讓李明興住院治療，軍方卻取得時效抗辯的權利，換言之，軍方取得抗辯權，是因為自己的不偵查所致，這樣真的可以主張抗辯權嗎？

很明顯，民法上除了規定抗辯權，也規定了，行使權利履行義務必須依據誠信原則，也就是不得有權利濫用的情況。軍方對李爸爸之時效抗辯權，顯然是不誠實的取得，應是權利濫用，不得行使時效抗辯權。法官答應調閱軍檢時期的卷宗，查明到底軍檢署有沒有調查，雖然軍方的三位訴訟代理人一再反對。

李爸爸流著淚水，步出法庭，等到軍方的官員走遠，我問他，「那你除了案發那一天之外，在這案件之後，軍方有通知你到花蓮嗎？」李爸爸用力想了一下說，「有，在兒子死後一周。那天要出殯火化，人家說，白髮人送黑髮人，不要去。但是太太捨不得，所以兩老從桃園坐火車，來到花蓮的殯儀館，太太拿著棍子，對著棺材打三下。」

綿綿細雨中，跟李爸爸一起走到火車站，一路談著李明興小時候的故事。想到剛剛軍方的三個官員在庭上奮力的主張時效抗辯，忽然感覺一陣心酸。

國家圖書館出版品預行編目資料

我柣放你一個人 / 邱顯智著. -- 初版. -- 臺北市
: 大塊文化, 2017.11
面； 公分. -- (Mark ; 131)
ISBN 978-986-213-796-3(平裝)

1.刑事審判 2.個案研究 3.臺灣

586.5 106006934

LOCUS

LOCUS